U0621574

Research on Financial Management Performance of
Accounting Conservatism of Chinese Listed Companies

中国上市公司会计稳健性与财务管理绩效研究

杜　勇／著

经济科学出版社
Economic Science Press

　　本书系国家社科基金重大项目"国家治理视角下国有资本经营预算制度研究"（14ZDA027）、国家社科基金重点项目"国有资本授权关系及实现模式研究"（14AJY005）、北京市教委创新团队项目"投资者保护的会计实现机制及其效果研究"（IDHT20140503）、北京市教委社科规划重点项目（SZ201210011007）、北京市科技成果转化和产业化项目"北京市国有企业预算管理体系完善对策及实施"（PXM2013_014213_000099）、新疆人文社科重点研究基地项目"新疆国有企业内部控制与风险预警机制研究"（XJEDU050213B01）及北京大学光华管理学院——新疆奇康哈博维药股份公司博士后重点课题（BJXJ201401A01）的阶段性成果。同时得到北京工商大学国有资产管理协同创新中心项目（GZ20130801）以及国家社会科学基金项目（11CGL025、11BGL022）、北京市社科基金项目（13JGB056）等的资助，在此表示衷心的感谢。

北京工商大学
国有资产管理协同创新中心
"会计与投资者保护"项目组

目　　录

第一章

导　论

一、研究背景

美国财务会计准则委员会（FASB）和国际会计准则理事会（IASB）财务概念框架联合工作组认为，会计稳健性损害了会计信息的相关性，所以不是一个理想的会计信息质量特征（2008），这极大地激发了学者们关于会计稳健性经济后果的研究兴趣。最近的研究强调了会计稳健性在减少信息不对称（LaFond & Watts，2008）、遏制盈余管理（Chen et al.，2007）、降低融资成本（Ahmed et al.，2002）方面的重要作用。会计稳健性是会计确认与计量的重要原则，对会计实务的影响至少已经有500年的历史，在最近30年间美国会计稳健性更是不断增强（Basu，1997）。但针对稳健性进行的系统研究却直到20世纪90年代各个国家会计准则中越来越多地采用公允价值计价的情形下才开始兴起，最早建议对稳健性进行系统研究的是沃茨（Watts，1993）。早在美国证券交易委员会（SEC）和正式的准则制定产生之前，会计稳健性就因为订约目的而产生。沃茨（2003）从契约的角度分析了会计稳健性，他认为稳健性的产生并非缘于会计管制的强制性要求，而是因为企业契约关系的需要，包括管理人员与股东之间的代理契约、债权人与股东之间的债务契约。会计稳健性是作为协调公司内部各契约参与方利益冲突、保证契约有效执行的机制，能显著降低信息不对称条件下契约各方的道德风险和机会主义行为，是作为降低企业潜在诉讼成本、契约成本和政治成本的一种治理机制。

国内转轨经济的需求和会计准则国际趋同的潮流共同推动了中国会计制度的变迁，会计稳健性是会计制度改革追求的重要目标。2006年

2 月 15 日，财政部颁布了新的《企业会计准则——基本准则》和 38 项具体准则，自 2007 年 1 月 1 日起执行，新会计准则深化了稳健性原则，[1] 标志着中国会计准则国际趋同迈出实质性的一步。稳健性虽然是会计政策选择的结果，但会计稳健性实施的效果受制度环境的制约及影响，包括法律和司法环境、公司治理等方面。曲晓辉和邱月华（2007）的研究表明，单纯转变会计准则并不能改善会计信息的质量，除非存在相配套的强有力的法律及执行机制。陈旭东和黄登仕（2007）也有类似的发现：中国会计稳健性随着会计制度与国际接轨及不断完善，取得了一定成效，但是会计准则和会计制度不能保证会计报告的质量，尚需改革国内相关的制度背景，如公司治理、法律实施环境等。

中国资本市场的特殊性在于股权的国有性质、特殊的股权结构，以及由此引起的公司治理问题。当前，中国资本市场上存在的突出问题是：第一，国有资本规模大，股权高度集中，流通股与非流通股构成[2]的"二元股权结构"和"所有者缺位"导致的内部人控制；第二，大股东为了攫取控制权、私人收益而侵占小股东的利益（韩德宗，2004；唐宗明、余颖和俞乐，2005），与此同时，由于我国银行的政策性因素导致债权人治理功能薄弱，公司治理水平偏低[3]。2005 年开始的股权分

---

① 例如，《企业会计准则——基本准则》第二章第十八条规定："企业对交易或者事项进行会计确认、计量和报告应当保持应有的谨慎，不应高估资产或者收益、低估负债或者费用"。此外，具体准则中的"存货"、"长期股权投资"、"固定资产"、"收入"等具体准则中，也充分引入了稳健性的原则。

② 吴晓求（2004）总结出我国资本市场股权分裂的 17 大危害：（1）股权流动性分裂从根本上损害了上市公司股东之间利益的一致性，使非流通股股东（大股东）与流通股股东（中小股东）之间的利益关系处在完全不协调甚至对立的状态；（2）股权流动性分裂是市场内幕交易盛行的微观基础；（3）股权流动性分裂必然引发市场信息失真；（4）股权流动性分裂导致上市公司控股股东或实际控制人扭曲的战略行为；（5）股权流动性分裂是中国上市公司疯狂追求高溢价股权融资的制度基础；（6）股权流动性分裂造成了股利分配政策的不公平，利益分配机制处在失衡状态；（7）股权流动性分裂使中国上市公司的并购重组带有浓厚的投机性；（8）股权流动性分裂客观上会形成上市公司业绩下降、股票价格不断下跌与非流通股股东资产增值的奇怪逻辑。正是由于股权分置的上述弊端，中国资本市场在 2005 年开始了股权分置改革，可以说股权分置改革是大势所趋，但是非流通股股东行为以及思维定式在短期内很难改变。

③ 根据公司治理研究中心发布的中国上市公司治理指数显示，自 2003 年以来，中国上市公司总体治理水平呈现升高趋势，但总体水平仍然偏低，2010 年中国上市公司治理指数均值为 57.84。

置改革，是资本市场上具有里程碑意义的重大制度变革。股改问题的实质是上市公司非流通股股东和流通股股东间的利益分配，股改过程是非流通股股东对流通股股东支付对价的过程（李康，2005），股改的目的是从根本上解决资本市场上"同股不同价"、非流通股股东与流通股股东目标和行为异化问题。截至 2006 年 12 月 31 日，沪市完成股改或者进入股改程序的公司共 795 家，占全部应股改公司总数的 97.8%；深市主板已完成或进入股改程序的公司共 455 家，占全部应股改公司总数的 95.4%，中国资本市场股权分置改革基本完成。后股改时代，会计信息的作用显而易见。上市公司更多地依赖公开披露和契约来解决财务报表编制者与使用者之间的信息不对称，而不是之前的信息不对称主要通过内部私人沟通而不是使用外部契约予以解决。这也催生了中国资本市场对高质量财务信息的需求，大量文献认为，稳健的财务报告是高质量的，或者说高质量的财务报告应当是稳健的（Ball, Robin & Wu, 2003, Ball & Shivakumar, 2005），稳健性会计有助于通过降低信息不对称、提高公司治理水平而发挥投资者保护作用。

在中国，会计稳健性的研究仍处于起步阶段，尚有很多问题需要探索。虽然所有权性质与结构对会计稳健性的影响在国际上有了初步研究，但对于中国而言，国有经济占主导地位的特殊经济体制使得关于稳健性的需求和经济后果的研究非常重要。在中国转型经济过程中，会计准则国际趋同和股权全流通的背景下，研究会计稳健性的经济后果具有重大的理论与实际意义。

二、研究目的及意义

（一）研究目的

会计与投资者保护是近年来理论和实务界研究及探讨的热点问题。改革开放以来，中国经济改革主要表现在：一是用市场价格机制代替了中央的计划指令；二是在国有企业自身进行产权改革的同时，非国有企业在国有企业之外成长起来（盛洪，2002）。产权是资本市场存在和发展的基石，投资者保护最基本的内涵是产权保护，当然，产权改革是渐进式的，中国当前的产权改革还处于由"归属不清晰、责权不明确、保护不严格、流转不顺畅"向"归属清晰、责权明确、保护严格、流转顺畅"过渡的时期。实现投资者保护应当是多层面、多角度的,包括社会制度安排、法律和现代企业制度建设等,其中,借助会计稳健性信息,缓解委托人与代理人之间的信息不对称程度,发挥稳健性会计信息的治理功能,能够在一定程度上起到保护投资者利益的功效。

(二) 研究意义

研究的理论意义主要包括:一是对会计稳健性经济后果的理论作了深入研究,包括会计稳健性的演进历史、会计稳健性与会计目标及信息质量特征的关系,特别是引入行为金融学和博弈论深入剖析了会计稳健性经济后果的内涵及作用机制,深化了学者们对会计稳健性和经济后果的认识,丰富了会计稳健性研究领域;二是运用实证的研究方法,结合中国制度背景,对会计稳健性在公司筹资、投资、营运资本管理和股利分配过程中的经济后果作了全面、系统的研究,对新兴市场与转型经济国家①具有很好的借鉴意义。

研究的现实意义主要有包括三方面内容。一是从政策制定者的角度看,会计稳健性具有两面性,一方面适当的会计稳健性可以提高会计信息质量,能够降低企业信息不对称程度,是一种理想的治理机制;另一方面,过量的会计稳健性损害了会计信息的相关性,导致投资决策出现偏差。所以政策制定部门要综合权衡会计稳健性的经济后果,把握会计准则中稳健性的"度"。二是从投资者和证券分析师的角度来看,会计稳健性无疑是一种廉价的治理手段,但是过度的稳健性也会导致投资不足等负面作用,同时,稳健的会计虽然抑制了管理人员通过会计数据进行盈余管理,但管理人员可能会通过安排实际交易的方式来操控盈余。三是从管理人员的角度看,会计稳健性能够影响企业财务行为,说明一方面稳健性的会计信息具有"溢价";另一方面由于资本市场上的噪声

---

① 新兴市场国家一般特指市场经济体制逐步走向完善,经济发展速度较快,市场发展潜力大,正力图通过实施体制改革与经济发展进步而逐渐融入全球经济体系的经济体。转型国家指的是由计划经济向市场经济转型的国家,当今世界上进行这种经济转型的国家较多,如俄罗斯、中国、越南以及中亚各国、东欧各国等。新兴市场国家与转型国家有一定的联系,但新兴市场国家并不包括所有的转型国家。

及"功能锁定"① 现象的存在，会降低稳健性会计信息的价值含量。

三、研究思路与内容

（一）研究思路

最早建议对会计稳健性进行系统研究的是沃茨（1993）。沃茨（1993）认为，会计稳健性主要来自会计的契约作用，并同时受到管制及法律的影响。企业股东、经理和债权人之间利益的合理分配是会计稳健性产生的最重要的契约原因。同时，沃茨也提出了对会计稳健性进行实证检验的一些方向。但由于会计稳健性的计量方法没有进展，在后续几年中一直没有出现系统地检验会计稳健性的文献。直到巴苏（Basu，1997）一文的出现，这种状况才有了极大的改观，涌现出了大量的会计稳健性的研究。会计稳健性的研究可划分为三个方面：一是会计稳健性产生的原因；二是会计稳健性的计量方法；三是会计稳健性的经济后果。目前，对前两个方面的研究已经取得了不少成果，稳健性经济后果的研究则基本上都出现在沃茨（2003a，b）的综述之后，而且国内外的研究文献很少。这些关于稳健性经济后果的开拓性研究主要围绕以下两个方面展开：第一，对企业融资成本的影响（Ahmed et al.，2002；Easley & O'Hara，2004；Lara，Osma & Penalva，2009）；第二，对真实投资活动的影响（Bushman，Smith & Piotroski，2005；Lara，Osma & Penalva，2010）。国内则鲜有涉及该方面的研究，沿着西方学者研究的脉络，本书研究思路如图 1－1 所示。

首先，从现实的归纳和理论的演绎提出会计稳健性的概念及内涵。包括会计稳健性产生的原因、会计稳健性的计量模型，以及当前关于会计稳健性经济后果方面的一些研究成果。

其次，将会计稳健性的经济后果进行理论提升，采用规范的研究方

① "功能锁定"概念最早来自东克尔（Dunker，1945）和卢钦斯（Luchins，1942）在心理学领域的研究，它用来描述主体对客体的认识和利用存在的某种功能性障碍。在证券市场研究中，"功能锁定假说"是与"有效市场假说"相竞争的一种假说。有效市场假说认为，证券价格能够充分、及时、无偏地反映一切可以公开获得的相关信息。功能锁定假说认为，投资者在决策过程中往往锁定于某种特定的表面信息，不能充分理解和利用有关信息来评估证券价值从而做出正确的投资决策。

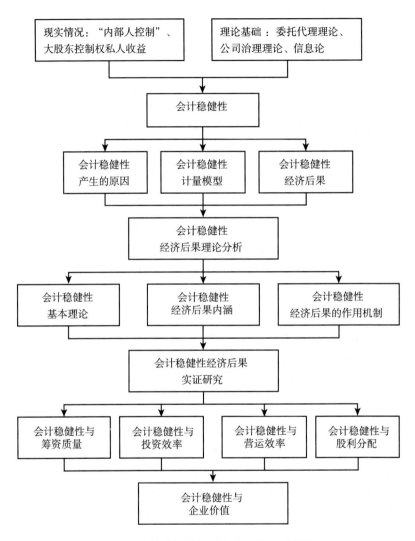

图1-1　会计稳健性与财务管理绩效研究思路

法，对会计稳健性经济后果进行系统的理论研究。包括会计稳健性的基本理论、会计稳健性经济后果内涵、会计稳健性经济后果的作用机制和评价。

再其次，按照企业生产和再生产过程中的资金活动，对会计稳健性经济后果与财务活动中的筹资、投资、营运以及股利分配四个环节进行实证分析，具体检验会计稳健性对上述财务行为的影响。

最后，研究会计稳健性对企业价值的综合影响。会计稳健性的各种经济后果，最终都要体现在企业价值上，因此，研究会计稳健性对企业价值的影响也成为本书研究的落脚点和归宿。

（二）研究内容

根据上述研究思路，本书分成九章，如图 1-2 所示。

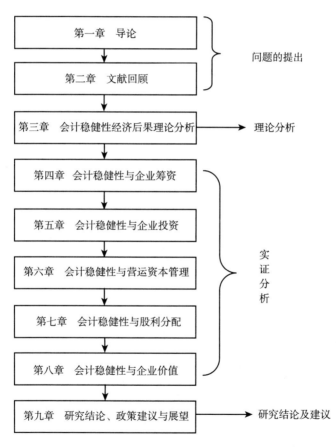

图 1-2　会计稳健性与财务管理绩效研究内容

第一章，导论。主要陈述了会计稳健性经济后果研究的背景，阐述全书的研究目的，构建研究框架，介绍特色与创新。

第二章，文献回顾。系统地梳理了会计稳健性的概念、会计稳健性产生的原因等方面的文献，重点评述了会计稳健性的计量模型。同时，将关于会计稳健性的经验研究方面的文献进行了归纳和述评。

第三章，会计稳健性经济后果理论分析。包括会计稳健性的基本理论、会计稳健性经济后果的内涵、会计稳健性经济后果的作用机制和评价。该章主要是基本理论的分析，运用信息经济学和博弈论的方法重点研究会计稳健性经济后果的作用机制。

第四章，会计稳健性与企业筹资。主要研究会计稳健性对企业融资活动的影响。根据我国上市公司再融资的渠道，将上市公司分成股权融资主导型、银行融资主导型和公开债融资主导型，以此来研究会计稳健性如何影响股权契约、银行债务契约和公开债契约，从而影响公司的筹资行为。采用卡恩和沃茨（Khan & Watts，2007）会计稳健性指数（C_Score）和吉弗里和海因（Givoly & Hayn，2000）累计应计项分别测度会计稳健性，利用2007～2009年中国 A 股上市公司数据，使用相关分析、配对检验和多元回归方法，深入分析会计稳健性对企业融资活动的影响。

第五章，会计稳健性与企业投资。首先，采用修正后的 Richardson 模型（2006）计算出公司每年的预期投资，再将该模型的残差从大到小均分成三组；最大的组定义为投资过度组；最小的组定义为投资不足组；中间的为标准的参照组。其次，按照 Khan & Watts 模型（2007）计算出公司每年的会计稳健性指数（C_Score）。再其次，构建以当年新投资规模为模型因变量，会计稳健性指数、投资效率以及两者的交叉变量和其他控制变量组成的研究模型，检验会计稳健性对投资效率的影响。最后，进一步检验会计稳健性与投资效率这种非对称的影响是否反映在企业价值上。

第六章，会计稳健性与营运资本管理。该部分分别采用营运资金周转期和营运资本生产率作为营运资本管理绩效的替代变量，采用卡恩和沃茨（2007）会计稳健性指数和吉弗里和海因（2000）累计应计项作为会计稳健性的替代变量，构建了会计稳健性与营运资本管理绩效的多元回归模型，研究会计稳健性与营运资本管理绩效之间的相关性。

第七章，会计稳健性与企业股利分配。主要研究会计稳健性对股利分配规模、分配形式等的影响。采用 Logistic 回归分析和多元回归模型对会计稳健性与上市公司股利发放可能性及发放水平进行检验。

第八章，会计稳健性与企业价值。使用 2001～2009 年上市公司的面板数据，通过对 Feltham-Ohlson 模型（1996）的推导，得出研究假设，再通过沪深上市公司的经验数据，对中国资本市场上会计稳健性定价系数进行测定，以研究会计稳健性与企业价值之间的相关性。

第九章，结论与展望。主要通过前面章节的研究得出的本书的研究结论以及研究启示、可能的贡献。同时对研究的不足进行了剖析，提出了未来的研究展望和一些可能的研究选题。

四、特色与创新

本书的研究特色是结合中国的制度环境对会计稳健性进行了系统的理论和实证分析，将会计稳健性的经济后果主要分成影响企业的财务行为和资本市场上投资者的投资行为。企业的财务行为包括筹资、投资、营运资本管理和股利分配。资本市场上投资者的决策行为则体现在资本市场企业价值上，因此本书分别研究会计稳健性对企业财务活动的影响和投资者决策行为方面的经济后果。

创新之处在于将财务会计理论与财务管理理论相结合，研究了稳健的会计信息如何影响企业具体的财务活动。

第一，第三章运用信息经济学、行为金融学、博弈论，深入分析会计稳健性经济后果的作用机制。

第二，第四章具体研究了中国资本市场上会计稳健性如何影响股权契约、银行债务契约和公开债契约，从而影响公司的筹资行为，国内外还没有这方面相关的经验研究。

第三，第五章构建了以当年新投资规模为模型因变量，会计稳健性指数、投资效率以及两者的交叉变量和其他控制变量组成的模型，来检验会计稳健性对投资效率的影响。该模型实现了在同一模型中分离出投资过度和投资不足，同时检验会计稳健性对投资不足及投资过度的影响，增强了模型的解释能力，具有一定的创新性。

第四，第六章会计稳健性与营运效率和第七章会计稳健性与股利分配，国内外还没有相关的经验研究。

第五，本书数据样本采用 2007～2009 年新会计准则以及股改后的期间，关于会计稳健性该期间段的研究文献还很少，会计稳健性经济后果的文献则还没有。

　　总的来说，本书填补了会计稳健性经济后果理论研究空白，用新方法和新视角对会计稳健性经济后果进行探索与系统研究，取得了一些突破性的成果，对会计稳健性学术研究和相关运用具有较大的理论及现实意义。

第二章

文献回顾

会计稳健性作为一项重要的会计信息质量要求，却经常受到资本市场监管者、准则制定者和实务工作者的批评，理论界对会计稳健性的认识似乎也非常有限。有鉴于此，为了深入理解会计稳健性，本章首先对会计稳健性的概念进行梳理，着重区分了条件稳健性和非条件稳健性；其次，从契约、监管、诉讼和税收等方面，对会计稳健性的产生原因进行解读；再其次，重点对会计稳健性的计量模型进行了详细评述；最后，对国内外有关稳健性的实证研究进行系统的回顾与分析。

一、会计稳健性的概念

会计稳健性是会计确认与计量遵循的重要原则，对会计实务的影响至少已经有 500 年的历史，而且在最近 30 年美国会计稳健性不断增强（Basu，1997），但是长期以来一个统一的、权威的定义仍然未形成（Givoly & Hayn，2000）。布利斯（Bliss，1924）对会计稳健性的定义为"预见所有可能的损失，但不预期任何不确定的收益"。该定义比较极端和片面，首先预见所有可能的损失本身是不可能的，同时不预期任何不确定的收益对投资者来说也未必是最优的。史密斯和史库森（Smith & Skousen，1987）将稳健性定义为：当存在两种或两种以上可供选择的披露手段时，应该选择对所有权益有利程度最低的方法。该定义并不是一个描述性的定义，缺乏对稳健性的理论解释。美国会计原则委员会（APB）在其第 4 号公告中指出：各种资产和负债常常是在非常不确定的情况下予以计量的，经理、投资者和会计人员在会计计量中存

在偏见，宁肯低估净收益及净资产，而不愿高估净收益及净资产。中国
2006 年的《企业会计准则》将会计稳健性作为一项重要的会计信息质
量要求，明确界定为"应当保持应有的谨慎，不应高估资产或者收益、
低估负债或者费用"。但是，这种观点早已受到了挑战，如 FASB
(1980) 在财务会计概念公告第 2 号中指出，"财务报告中的稳健性不
应再意味着蓄意地、一贯性地低估净资产和利润，而应是对不确定性的
审慎反应，努力确保商业环境中存在的不确定性和风险被充分考虑到，
因而，如果未来收到或支付的两个估计金额有同等的可能性，稳健性要
求使用较为不乐观的估计数；然而，如果两个估计金额并非完全一
样，就不必使用稳健性要求的更悲观估计数了，而是使用更可能发
生的那个金额"。然而该定义并未细述何为稳健性所需要的"谨慎
的反映"，并且也没有解释这种反映怎样才能保证风险能被"充分
考虑"(Givoly & Hayn, 2000)。国际会计准则理事会 (IASB) 也
有类似态度。虽然 IASB 将稳健性作为可靠性会计信息质量特征之
下的一项质量要求，并认为稳健性是指"在不确定因素的情况下，
在判断中加入一定程度的谨慎。以便不虚计资产或收益，也不少计
负债或费用"。然而，IASB 同时也强调，稳健性的运用"并不允许
诸如设立秘密准备，过分地提取准备，故意压低资产或收益，或者
故意抬高负债或费用等"。

　　然而，上述定义均只是从概念框架描述了稳健性的大致含义，以往
对会计稳健性的探讨主要集中于规范性的论述，对于如何判断会计处理
的稳健性程度，我们很难从上述概念中找到答案。相对于准则制定机构
对会计稳健性的谨慎[1]定义，实证研究者对稳健性的定义更注重其可操
作性和可量化性，并从自己的研究角度出发，对稳健性做出阐释。巴苏
(Basu, 1997) 将稳健性定义为会计人员在财务报告中确认"好消息"
比确认"坏消息"更能得到保证[2]。即对于"好消息"和"坏消息"
的非对称及时确认，对于"好消息"，必须在事项基本能确定发生时才
予以确认；而对于"坏消息"则应该尽早确认损失。比弗和赖安

---

　　① 这里的"谨慎"是指准则制定机构的态度。
　　② 这里的"消息"意指企业真实的经济收益，"好消息"就是真实经济收益为正的交易
事项，而"坏消息"则是真实经济收益为负的交易事项。巴苏 (1997) 以公司股票的市场回
报率作为消息好坏的替代变量，研究会计盈余和股票回报率之间的关系。

（Beaver & Ryan，2000）等从会计稳健性对资产负债表影响的角度给出定义：会计稳健性是对净资产账面价值的持续低估；吉弗里和海因（2000）则从会计稳健性对利润表影响的角度认为：稳健性是对会计方法的一种选择标准，这种选择使得累积报告收益最小化，这可以通过减慢收入确认、加快费用确认、减少对资产的估计和增加对负债的估计来实现。鲍尔和席瓦库玛（Ball & Shivakumar，2005）进一步将会计稳健性区分为条件稳健性和无条件稳健性。条件稳健性又称为损益表稳健性、消息依赖稳健性或事后稳健性，指的是盈余反映坏消息比好消息更快，当期消息的性质和盈余反映速度有直接关系。条件稳健性体现了对损失和收益确认的不对称的及时性，如存货计量中的成本与市价孰低法、长期资产减值准备的计提等。与此相对，无条件稳健性又称为资产负债表稳健性、独立消息的稳健性或事前稳健性，是一个总体的偏见，和当期的消息没有关系。无条件稳健性是通过加速费用确认或推迟收入确认与持续低估净资产的账面价值，如内部无形资产开发成本的立即费用化，资产、厂房、设备的折旧采用超过其经济折旧的加速折旧法等。强（Qiang，2007）则以实证分析为基础，通过将会计稳健性划分为条件稳健性和非条件稳健性，联合检验了会计稳健性的契约、诉讼、管制和税收的四种解释。并发现契约产生了对条件稳健性的需求，诉讼同时强化了条件稳健性和非条件稳健性，而管制和税收则带来了非条件稳健性。这说明两种形式的稳健性在契约、管制和税收中起着不同的作用，但在诉讼中起着共同的作用。强（2007）还发现，两种形式的稳健性存在着相互关系，非条件稳健性减少了条件稳健性。

二、会计稳健性产生的原因

（一）会计稳健性产生溯源

沃茨（2003a，b）系统性地提出了会计稳健性的契约、诉讼、管制和税收的四种解释。此后，学者们利用会计稳健性计量模型，从不同的方面对四个假说进行验证。

1. 契约

沃茨（1993）就出于管理和债权订约目的产生的稳健性提出了假设。现代契约理论认为企业本质上是一系列契约的组合，而契约的设立和运行主要是以会计数据为基础的①。债务契约和薪酬契约是企业契约的两个主要构成部分。稳健性强化了债务契约中有关保证资源能够留在企业以实现对债权人的保护条款。稳健性下，通过不高估资产和对股利发放的限制，可以降低对债权人利益的损害。稳健性可以用于延迟基于会计收益的薪酬契约的实现，从而有效遏制管理人员的机会主义行为。因此，会计稳健性在很早以前就存在（巴苏认为会计稳健性至少有500年的历史），说明会计稳健性是企业的一种内生性需求。进一步分析，鲍尔和席瓦库玛（2005）认为有条件会计稳健性提高了契约效率。有条件会计稳健性通过限制负净现值（NPV）的项目，从而提高了权益契约效率，并及时触发债务契约条款，从而增加债务契约效率。无条件会计稳健性虽然也能降低资产账面价值和收益、抑制负净现值的项目、迅速触发债务契约条款，然而，巴苏（2005）指出，无条件会计稳健性没有提供新的信息，鲍尔和席瓦库玛（2005）也进一步指出，无条件会计稳健性增加了契约过程中的噪音，从而使得契约效率降低。

2. 诉讼

法律诉讼风险或法律诉讼成本的存在成为稳健性产生和执行的一个重要推动力与保障，因为诉讼更有可能在收益和净资产被高估而不是低估的情况下产生（Kellogg，1984），所以会计人员为了避免日益上升的诉讼风险"宁可失之低估，而不愿失之高估"。因为高估的期望诉讼成本要高于低估。沃茨（1993）认为，美国会计的稳健性随着法律责任的变更而变动。巴苏（1997）通过检测美国四个不同的诉讼责任期间的稳健性，发现在诉讼责任较高期间稳健性存在显著的上升，而在诉讼责任较低期间稳健性不上升，这一结果与诉讼导致稳健性的解释一致。

3. 税收

公司所得税的存在也会导致会计稳健性的需求。当应税收益和计算应税收益的方法同报告盈余挂钩，并且受报告盈余的影响时，就会为公司递延收益以减少税收现值提供激励（Shackelford & Shevlin，2001）。应税收益和会计收益之间的联系产生了公司对盈余稳健性的需求，并且，应税收益的计算越依赖于财务报告，对盈余稳健性的激励就越大。对利得和损失的不对称的确认能够使盈利公司的管理者减少税收的现值

---

① 耶迈（Yamey，1962）指出，会计在契约中的作用已经持续了几个世纪，可能从中世纪就开始了。

和增加公司的价值。递延确认收入和加速确认费用可以增加公司的价值（Watts，2003）。

4. 监管

各国的会计准则等普遍将稳健性作为会计处理、财务报告的重要原则，这成为会计稳健性存在的直接原因。一方面，会计准则制定者和监管者有必要满足第三方的要求，如果第三方要求稳健性，那么监管者就应该促成稳健性原则。这与签约各方在每份契约中规定会计稳健性相比，基于包含有稳健性要求的会计规则而建立的契约，可以节省契约成本从而更有效率。另一方面，监管者面临政治成本的不对称：当企业高估净资产价值和会计收益时，准则制定者和监管者更可能遭到批评。会计稳健性能降低准则制定者和监管者的政治成本。

（二）中国会计稳健性产生的制度分析

从所有权契约来看，中国股权高度集中，且国有股的控股地位使得股东和管理层之间的信息不对称并不是通过公开的披露来解决，而是通过大股东直接控制管理层来解决，即通过私人信息的方式。从债权契约来看，由于中国以国有银行为主体的信贷机构具有多重利益目标，使得政府行政干预下的银行贷款具有"政治性"贷款的特征，银行信贷行为"异化"。加之中国税法和会计准则的分离，以及诉讼风险较低，因此，李远鹏和李若山（2005）认为，中国上市公司表现出来的稳健性是上市公司"洗大澡"造成的。毛新述和戴德明（2008）认为，契约、诉讼、税收和政治因素只能为中国会计制度中稳健性原则的强化提供十分有限的解释，从制度层面和治理角度阐述了中国会计稳健性存在的机制。他们认为中国资本市场中特殊的制度安排以及由此导致的会计与证券监管是中国会计制度中稳健性原则强化的外在制度原因，而提高财务报告质量是中国会计制度层面稳健性原则强化的内在原因。

随着股权分置改革和银行改革的深入，中国资本市场对会计稳健性的需求也不断增强。陈信元、朱红军和何贤杰（2007）以中国银行业在2003年年底启动的部分私有化和上市改革作为研究的基本背景，分析了银行在改革前后激励的变化及其对债务契约和企业会计信息的影响。发现当国有银行于2003年年底启动改革后，债务市场开始成为稳健会计的驱动力，中国上市公司整体的会计信息稳健程度较银行改革前有了显著提高。同时，股权分置改革使得大股东和中小股东的利益更趋于一致，企业将更多地借助公开披露来解决信息不对称问题，稳健性的会计信息将发挥更加重要的治理作用。稳健性的重要功效就是能够降低预期代理问题和机会主义行为，在一定程度上消除会计信息的"噪音"，一国资本市场中代理问题越严重、机会主义行为越泛滥，各种盈余管理和会计造假的行为普遍存在时，稳健性更能够发挥其治理功效。

三、会计稳健性计量模型

（一）盈余/股票报酬关系模型

1. Basu 模型——制度层面

巴苏（1997）将稳健性定义为会计报告对"坏消息"的确认比"好消息"更及时。也就是说，对于"好消息"必须在事项基本确定发生时才能确认；而对于"坏消息"则应尽早确认损失。根据这一解释，巴苏创造性地采用反回归方程（reverse regression）构建盈余/股票报酬关系模型以度量稳健性。巴苏以公司股票的市场回报率作为消息好坏的替代变量，研究会计盈余和股票回报率之间的关系，如果发现会计盈余对于"坏消息"比对于"好消息"的反应迅速、强烈，则说明会计稳健性存在。盈余—股票报酬关系模型具体如模型（2.1）所示。

$$\frac{X_{it}}{P_{it-1}} = \alpha_0 + \alpha_1 DR_{it} + \beta_1 R_{it} + \beta_2 R_{it} \times D_{it} + \xi_{it} \qquad (2.1)$$

模型（2.1）中，X_{it} 为 i 公司 t 年度的每股收益；P_{it-1} 为 i 公司 t 年初股票价格；R_{it} 为 i 公司 t 年 5 月到 $t+1$ 年 4 月股票累积年度超额报酬率；DR_{it} 为虚拟变量，当 $R_{it} \leq 0$ 时，取值为 1，否则为 0。β_1 表示会计盈余对"好消息"确认的及时性；$\beta_1 + \beta_2$ 表示会计盈余对"坏消息"确认的及时性；β_2 表示会计盈余对"坏消息"比"好消息"确认及时性的增量，所以用 β_2 是否显著大于 0 来判断上市公司会计盈余是否稳健。

长期以来，尽管会计上奉行稳健性原则，但通常所说的稳健性原则（不高估资产或收益，不低估负债或费用）在经验研究中很难量化，这大大制约了对稳健性原则实施效果的评价，Basu 模型为测定会计稳健性的"度"找到了突破点，从而极大地激发了研究者对稳健性研究的热情，催生了大量关于稳健性的研究文献（Pope & Walker，1999；

Ball, Kothari & Robin, 2000；Givoly & Hayn, 2000；Holthausen & Watts, 2001；Ball, Robin & Wu, 2003）。虽然在已有的会计稳健性研究文献中，Basu 模型得到了广泛应用，但巴苏模型在设定和内生性方面也饱受争议（Beaver et al. , 1997；Dietrich et al. , 2007）。

2. Khan & Watts 模型——公司层面

Basu 模型一般是采用混合数据（pooled data）估计非对称及时性指标，因而它只能从总体上度量稳健性，而无法度量公司每年的稳健性程度。卡恩和沃茨（2007）认为，由于企业具有不同的特性，契约、诉讼、税收和监管对企业投资机会集（investment opportunity set）的影响程度不一样，所以企业会计稳健性也存在差异。基于前人的研究，卡恩和沃茨从一系列企业特性中选择公司规模（*Size*）、市值与账面价值比率（*MTB*）、负债率（*Lev*）作为估计稳健性指数的工具变量，设计出度量公司每年稳健性程度的指标——稳健性指数（*C_Score*）。稳健性计算方法如下。

首先，根据巴苏模型有：

$$\frac{X_{i,t}}{P_{i,t-1}} = \alpha_{0,t} + \beta_{1,t}DR_{i,t} + \beta_{2,i,t}R_{i,t} + \beta_{3,i,t}R_{i,t} \times DR_{i,t} + \xi_{i,t} \qquad (2.2)$$

为了估计公司层面"好消息"和"坏消息"确认的及时性，卡恩和沃茨（2007）将公司每年"好消息"确认的及时性（*G_Score*）和"坏消息"确认的及时性增量（*C_Score*）用公司规模、市值与账面价值比率、负债率三个反映公司特性的工具变量的线性函数表示：

$$G\_Score = \beta_{2,i,t} = \mu_{1,t} + \mu_{2,t}Size_{i,t} + \mu_{3,t}M/B_{i,t} + \mu_{4,t}Lev_{i,t} \qquad (2.3)$$

$$C\_Score = \beta_{3,i,t} = \lambda_{1,t} + \lambda_{2,t}Size_{i,t} + \lambda_{3,t}M/B_{i,t} + \lambda_{4,t}Lev_{i,t} \qquad (2.4)$$

将式（2.3）和式（2.4）代入模型（2.2）：

$$\frac{X_{i,t}}{P_{i,t-1}} = \alpha_{0,t} + \beta_{1,t}DR_{i,t} + (\mu_{1,t} + \mu_{2,t}Size_{i,t} + \mu_{3,t}M/B_{i,t} + \mu_{4,t}Lev_{i,t})$$
$$R_{i,t} + (\lambda_{1,t} + \lambda_{2,t}Size_{i,t} + \lambda_{3,t}M/B_{i,t} + \lambda_{4,t}Lev_{i,t})R_{i,t} \times$$
$$DR_{i,t} + \xi_{i,t} \qquad (2.5)$$

运用模型（2.5），采用年度横截面数据进行回归，估计出每年的 $\lambda_{1,t}$、$\lambda_{2,t}$、$\lambda_{3,t}$、$\lambda_{4,t}$ 系数，再将其各年系数分别代入式（2.4）中，计算出公司每年稳健性指数（*C_Score*）。Khan & Watts 模型的突出的特点是能够计算出公司每年的稳健性指数，为公司稳健性与公司特质等相关性研究提供了方法。

（二）应计/现金流关系模型

鲍尔和席瓦库玛（2005）指出，Basu 模型存在两个缺陷：第一，它不能将盈余中暂时性利得或损失部分同应计项目中的随机误差（如存货的误计）、某些类型的盈余管理（超额计提准备，并在以后期间转回）进行区分，所有这些项目都是暂时性的，并会导致收益变化的负序列相依；第二，模型仅能识别利得和损失中的暂时性部分的存在，而不论这种确认是及时的还是不及时的。因而，他们提出可以以应计利润/现金流量关系来衡量会计损失的及时确认。

由于经济损失更可能在发生时以及时的方式确认，而经济利得更可能在其实现时以递延的方式确认，这种不对称构成了应计利润与同期现金流量呈正的但不对称相关关系的来源。据此，鲍尔和席瓦库玛（2005）构造了应计—现金流关系模型度量稳健性。其模型的具体形式如下：

$$ACC_{it} = \beta_0 + \beta_1 DCFO_{it} + \beta_2 CFO_{it} + \beta_3 DCFO_{it} \times CFO_{it} + \xi_{it} \qquad (2.6)$$

其中，ACC_{it} 为经期初总资产平减（deflated）后的应计项目；CFO_{it} 为经期初总资产平减后的 i 公司 t 年度的经营活动现金流量；$DCFO_{it}$ 为哑变量；如果 $CFO_{it} < 0$，则 $DCFO_{it} = 1$，反之取 0。

应计—现金流关系模型使用经营活动现金流量作为"好消息"和"坏消息"的代理变量，负的经营活动现金流量表示经济损失，即"坏消息"；正的经营活动现金流量表示经济利得，即"好消息"。由于应计项目与当期经营活动现金流量呈负相关关系，模型中度量应计项目与正的经营活动现金流量关系的 β_2，以及度量应计项目与负的经营活动现金流量关系的（$\beta_2 + \beta_3$）均应为负值。鲍尔和席瓦库玛（2005）认为，应计项目具有及时确认经济利得和损失的作用，由于稳健性在会计中的应用，经济损失更可能被及时地确认，而经济利得更有可能在实现时才得以确认。这种确认的不对称性意味着，如果存在稳健性，模型中 β_3 应显著大于零。Ball & Shivakumar 模型的思路与 Basu 模型一致，与 Basu 模型不同的是，该模型使用的都是会计数据，不受资本市场有效性的影响。

（三）盈余—应计项目关系模型

1. Basu 盈余持续性模型

巴苏（1997）认为，稳健性意味着会计盈余对坏消息的反应更为及时和充分，而对好消息的反应则是逐步的，从而使得正的会计盈余变化比负的会计盈余变化具有更强的持久性，也就是说，负的会计盈余变化比正的会计盈余变化更有可能在下一会计期间反转。因此，可以使用会计盈余的持续性或反转性来度量稳健性程度。根据这一思路，巴苏（1997）提出了度量稳健性的盈余持续性模型。模型的具体形式如下。

$$\frac{\Delta X_{i,t}}{P_{i,t-1}} = \alpha_0 + \alpha_1 DR_{i,t} + \beta_1 \frac{\Delta X_{i,t-1}}{P_{i,t-2}} + \beta_2 \frac{\Delta X_{i,t-1}}{P_{i,t-2}} \times DR_{i,t} + \xi_{i,t} \quad (2.7)$$

其中，$\Delta X_{i,t}$ 指 i 公司 t 年度和 $t-1$ 年度的每股会计盈余之差；DR_{it} 为虚拟变量，当 $\Delta X_{it-1}/P_{i,t-2} \leq 0$ 时，$DR_{it} = 1$，否则为 0；其他变量定义同模型（2.1）。

由于盈余的反转特征，预计 β_1 和 β_2 都显著为负，$|\beta_1|$ 为正的盈余反转系数，$|\beta_2|$ 为负的盈余反转系数的增量，（$|\beta_1| + |\beta_2|$）为负的盈余的反转系数。由于稳健性意味着负的会计盈余变化比正的会计盈余变化更具有反转性，故可通过检验 β_2 是否显著小于零来判断会计盈余是否稳健。

2. 累计应计模型

累计应计模型由吉弗里和海因（Givoly & Hayn，2000）提出，他们认为稳健性减少了各期累计报告盈余，建议用各期累计应计利润的符号和大小作为稳健性的测度。因为在无偏会计下，折旧和摊销之前的净收益累积额从长期来看应与经营活动的现金流量趋于一致，这是因为应计项目倾向于反转，使得最终的累计应计项目归于零，但如果公司刻意采取稳健性会计政策时，则会导致持续负的应计余额。因此，可以用累计应计项的符号和大小作为稳健性的测度，累计应计项为负，说明会计信息具有稳健性；负值越大，说明会计稳健性程度越高。该模型计算方法如下：

$$ACC_{i,t} = \frac{EBDA_{i,t} - CFOA_{i,t}}{Size_{i,t-1}} \quad (2.8)$$

其中，$ACC_{i,t}$ 表示 i 公司 t 期应计项；$EBDA_{i,t}$ 表示 i 公司 t 期折旧摊销前

利润，即 $EBDA$ = 非常项目前利润 + 折旧和摊销费用；$CFOA_{i,t}$ 表示 i 公司 t 期经营活动现金流量；$Size_{i,t-1}$ 表示 i 公司 t 期初总资产。

累计应计项计算如下：

$$CACC_{i,t} = \sum_{n=0}^{r} ACC_{i,t-n} \qquad (2.9)$$

其中，$CACC_{i,t}$ 表示 i 公司 t 期累计应计项；$CACC$ 包括流动资产和流动负债的变动、递延所得税、资产处置利得和损失、坏账准备以及其他应计或递延费用和收入，控股股东可以通过调节和控制这些项目的确认范围及时间、计量金额来体现稳健性的会计信息特征。$CACC_{i,t}$ 数值小于 0，说明会计信息存在稳健性，$CACC_{i,t}$ 数值越小，则表明稳健程度越高。

（四）净资产计量模型

1. Feltham-Ohlson 模型

Feltham-Ohlson 模型（1995，1996）将企业的价值表示为净资产的账面价值与会计盈余的线性关系。净资产的账面价值计量企业价值的存量，而会计盈余则反映企业价值的流量。该模型的具体形式如下：

$$P_t = BV_0 + \beta_1 X_t^\alpha + \beta_2 Oa_t + \beta_3 \nu_t \qquad (2.10)$$

其中，P_t 为企业的市场价值；BV_0 为净资产的账面价值；X_t^α 为超常盈余，$X_t^\alpha = X_t - r \times BV_{t-1}$，$X_t$ 表示会计盈余，r 表示利率；Oa_t 为经营资产；ν_t 为与企业价值相关的非会计信息。

基于会计折旧超过经济折旧的假设，Feltham-Ohlson 模型通常被用来估计净资产被低估的程度。在模型中，经营资产 Oa_t 的系数 β_2 是反映经营资产低估程度的参数，衡量了会计稳健性的程度。如果会计是稳健的，那么模型中的 $\beta_2 > 0$。

2. 账面市值比（BTM）模型

比佛和赖安（Beaver & Ryan，2000）通过将公司的账面市值比（账面价值/市场价值）分解为偏差和滞后两个部分获得了更精确的稳健性测度。其中，偏差意味着账面价值持续高于（低于）市场价值，因此账面市值比持续高于（低于）1。偏差主要来自会计程序（如稳健性及历史成本）和经济环境（如预期的正现值项目及通货膨胀）的联合影响。滞后意味着未预期的经济利得（损失）在账面价值中随着时间的推移逐步确认，而不是立即确认。因此，账面市值比会暂时低于（高于）其均值（当无偏时，均值为1），但是随着时间的推移会逐渐趋向于其均值。同偏差一样，滞后同样会受会计程序和经济环境的联合影响。比佛和赖安（2000）通过如下回归获得了偏差部分（BC）和滞后部分（LC）的测度。

$$BTM_{it} = \alpha_t + \alpha_i + \sum_{j=0}^{6} \beta_j R_{it-j} + \varepsilon_{it} \qquad (2.11)$$

其中，$BTM_{it} = BV_{it}/MV_{it}$，$BV_{it}$ 是指净资产的账面价值，MV_{it} 是指净资产的市场价值；α_t 为年度效应；α_i 为公司效应；R_{it-j} 是指调整股票股利和股票分割后的财务年度证券报酬率；α_i 即为 BTM 中偏差部分（BC）的测度。

滞后部分（LC）的测度公式为：

$$LC_{i,t} = \sum_{j=0}^{6} \beta_j (R_{i,t-j} - R_{t-j} - R_i + R) \qquad (2.12)$$

其中，LC_{it} 为滞后部分；R_{it-j} 是 i 公司 $t-j$ 年的股票报酬；R_{t-j} 为 $t-j$ 年所有公司的股票报酬平均值；R_i 是第 i 家公司的股票报酬平均值；R 是所有研究期间、所有公司的股票报酬平均值。

将式（2.11）中的 β_j 代入式（2.12）中，即可计算出滞后部分（LC）。比佛和赖安（2000）指出，偏差部分与会计的稳健性有关，而滞后部分与会计的稳健性无关。因此，模型（2.11）中的 α_i 被用来作为不同公司稳健性变化程度的测度，数值越低表明稳健性程度越大。

（五）其他稳健性测度

1. 根据具体准备项目计算稳健性指数

彭曼和张（Penman & Zhang, 2002）利用 C 指数（C-score）测度了稳健会计对资产负债表的影响，C 指数可以测定由稳健性所导致的估计准备（estimated reserves, ER）水平，即 ER 占净营运资产的比率：

$$C_{it} = \frac{ER_{it}}{NOA_{it}} \qquad (2.13)$$

其中，NOA 等于营运资产的账面价值减去营运负债的账面价值。

完整的 C 指数应包括资产负债表中所有营运项目所形成的未记录

的准备，包括坏账准备、折旧准备、估价准备、递延收入、养老金负债和其他估计的负债。彭曼和张（2002）在研究中使用的 C 指数的具体计算如下：

$$C_{it} = (INV_{it}^{res} + RD_{it}^{res} + ADV_{it}^{res})/NOA_{it} \qquad (2.14)$$

其中，INV_{it}^{res} 是指财务报表附注中报告的后进先出法（LIFO）准备；RD_{it}^{res} 是指资产负债表中资本化的 R&D 支出的估计摊销额；ADV_{it}^{res} 是指由广告支出而形成的估计品牌资产。

2. Gray 稳健性指数

格雷（Gray，1980）通过下述比率计算稳健性指数：

$$Gray\ 稳健性指数 = 1 - \left(\frac{R_A - R_B}{|R_A|} \right) \qquad (2.15)$$

其中，R_A 是指根据欧洲的方法（European Method，欧洲证券分析师所使用的方法）计算的调整后利润；R_B 是指公司披露的利润。Gray 稳健性指数超过1，则公司使用的会计政策相对激进，如果小于1则相对稳健。

（六）对会计稳健性模型的评价

在已有的会计稳健性研究文献中，Basu 模型得到了广泛应用。但 Basu 模型本质上是反向回归的拓展。迪特里希、穆勒和里德尔（Dietrich，Muller & Riedl，2003）认为，Basu 模型中对"好消息"和"坏消息"的系数之差（β_3）可能会受到两种类型偏误的影响——样本方差比偏误和样本截断偏误。他们认为，会计盈余是前定（外生）变量，股票报酬率是内生变量，这意味着对会计盈余和股票报酬率的关系设定应该是正向回归（Forward Regression，即股票报酬率对盈余的回归）。比弗、麦卡纳利和斯廷普森（Beaver，McAnally & Stimnson，1997）对盈余变化和价格变化关系的设定检验表明，盈余和价格变化两者是内生的，而联立方程估计可以减少这种偏误。在运用 Basu 模型时，有必要首先对会计盈余和经济盈余的替代变量——股票报酬的关系进行设定检验，判断是否需要采用替代的估计方法——如工具变量法（IV 估计）、广义矩估计（GMM）——以提高检验结果的可靠性。

在 Basu 模型及其拓展模型中，以年度股票报酬率作为经济收益

（或者"好消息"和"坏消息"）的替代变量受到了研究者的质疑。并且，经济收益的替代变量是年度股票报酬率，这种模型设定类似于价值相关性中的关联研究（长窗口）。尽管长窗口研究方法已经得到了改进，但仍然存在严重的局限性（Kothari & Warner，2004）。为了弥补以年度股票报酬率作为"好消息"和"坏消息"替代变量的局限性，其他相应的替代变量被提出：如滞后差分盈余（ΔX_{it-1}）（Basu，1997，et al.）；同期现金流量（CFO_{it}）（Ball & Shivakumar，2005）；特殊项目（Givoly，Hayn & Natarajan，2004）。

尽管 Basu 模型存在缺陷，然而罗伊乔杜里和沃茨（Roychowdhury & Watts，2004）的研究表明，在两种普遍的稳健性测度方法（不对称及时性和市净率）中，Basu 模型能更好地捕捉从过去时点开始的多个年度累积估计的净资产中的总的稳健性。同市净率相比，Basu 模型受租金影响更少，因而是更好的稳健性测度方法。

在稳健性计量上，账面市值比（BTM）模型尽管可以作为净资产低估的直接测度，但是，由于账面市值比的计算是由每股市价和每股净资产共同决定，因此，当股价存在泡沫，即使公司的净资产没有被低估，使用账面市值比作为稳健性的测度也可能得出公司净资产被低估的结论。总之，公司股价越不稳定，以账面市值比作为稳健性的测度的效果就会越差。比弗和赖安（2000）从账面市值比（BTM）中分离出偏差部分（BC），从而提出了更准确的稳健性测度指标。尽管如此，这一指标仍只适用于成熟的资本市场。

四、会计稳健性的经验研究证据

会计稳健性作为一种投资者保护机制，与制度环境、公司治理和企业特质密切相关，他们从不同的方面反映了会计稳健性契约、诉讼、监管和税收四大解释（如图 2-1 所示）。会计稳健性需求来源于契约、诉讼、监管和税收，这四大需求和企业的特质（盈余水平、所处行业等）以及公司治理及外部治理机制紧密相连，不同的治理机制产生不同的对会计稳健性的需求及强弱。而会计准则和会计准则执行过程中的职业判断则规定了会计稳健性的供给与输出，所以制度环境、公司治理与公司特质之间的相关作用形成了会计实务中稳健性的表征。只有全面把握会计稳健性在整个框架中的定位和运行机制，才能充分发挥会计稳健性在投资者保护方面的重要作用。下面的章节我们就此展开评述。

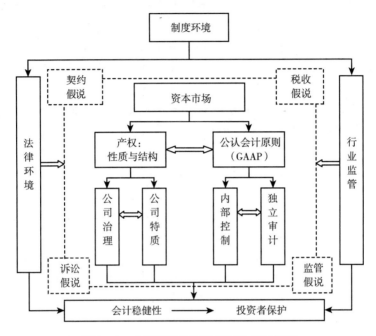

图 2-1　会计稳健性运行机制的拓展框架

（一）会计稳健性与制度环境

制度因素是影响会计稳健性的重要因素，早期关于会计稳健性的研究文献主要是从制度方面展开的（Basu，1997；Beaver & Ryan，2000）。借鉴 LLSV 的研究投资者保护框架，我们将制度环境与会计稳健性的文献分为法律与司法、会计准则以及行业监管三个方面进行评述。

1. 法律与司法效率

鲍尔、科塔里和罗宾（Ball，Kothari & Robin，2000）使用 1985 ~ 1995 年的数据，比较普通法国家（美国、英国、加拿大和澳大利亚）和成文法国家（法国、德国和日本）会计稳健性方面的区别。他们认为，由于普通法国家更多地依赖公开披露和契约来解决财务报表编制者及使用者之间的信息不对称，而成文法国家中各方的信息不对称主要通过内部私人沟通而不是使用外部契约予以解决。因此，在契约中使用公开会计报表数字的特点将导致普通法国家的盈余较成文法国家的盈余更稳健。鲍尔、罗宾和吴（Ball，Robin & Wu，2002）进一步的研究表明，同样是普通法的国家（地区），稳健性也存在差异。他们利用亚洲四个具有普通法传统的国家或地区（中国香港、马来西亚、新加坡和泰国）1984～1996年的数据，发现他们的会计稳健性更加与成文法国家的会计稳健性相似。他们的解释是，亚洲国家财务报告更多地受到政治的影响和更多地使用私人信息而不是公共信息来解决信息不对称。布什曼和皮奥特洛斯基（Bushman & Piotroski，2006）研究了国家的法律制度与政治制度对会计稳健性的影响，发现在控制法律起源的影响后，在司法体系效率较高的国家，盈余更为及时地反映"坏消息"。拉奥尼、麦克利和阿斯马可布鲁（Raonic，McLeay & Asimakopoulos，2004）研究了不同国家信息披露制度、司法执行力度和资本市场重要程度对稳健性的影响，发现会计盈余对"坏消息"的敏感程度会随着司法执行力度的加强而得到提高。朱松和夏冬林（2009）采用中国上市公司数据，运用制度环境指数和经济发展水平等宏观指标进行研究，发现法制建设越好、市场化进程越高、政府干预程度越少、地区经济发展越好，财务报告的稳健性就越强。

2. 会计准则变迁与会计稳健性

会计准则是会计稳健性产生的直接原因，会计准则的变迁背景为我们纵向研究会计稳健性与准则之间的关系提供了良好契机。巴苏（1997）发现，美国在1967年之前不存在支持稳健性的经验证据，而在FASB于1973年成立之后，会计稳健性增加了。霍尔特豪森和沃茨（Holthausen & Watts，2001）运用1927～1993年美国公司的数据，按照准则制定、监管和诉讼环境，将其分为1927～1941年（准则制定之前，低法律诉讼）、1942～1946年（价格控制，准则制定，低法律诉讼）、1947～1950年（准则制定，低法律诉讼）、1951～1953年（价格控制，准则制定，低法律诉讼）、1954～1966年（准则制定，低法律诉讼）、1967～1975年（准则制定，高法律诉讼）、1976～1982年（准则制定，诉讼）和1983～1993年（准则制定，高法律诉讼）。研究表明，自从FASB成立之后，会计稳健性程度有实质性的增长：会计稳健性系数从1976年以前的小于0.10，增加到1976～1982年的0.16，然后再增加到1983～1993年的0.43。沃茨（2003b）也认为美国会计在20世纪末表现出的会计稳健性很大程度上是FASB影响的结果。

20 世纪 70 年代末以来，在国有企业改革、证券市场发展需要和国际接轨与趋同的共同推动下，中国会计制度的改革前赴后继。曲晓辉和邱月华（2007）以 1995～2004 年深沪两市全部 A 股上市公司为研究样本，考察《股份有限公司会计制度》、《企业会计制度》的实施是否显著提高了中国上市公司会计盈余的稳健性。研究结果表明，《股份有限公司会计制度》的实施并未实质性增强 1998～2000 年会计盈余的稳健性水平，而更为积极贯彻国际通行的稳健会计政策的《企业会计制度》的实施则显著提升了 2001～2004 年中国上市公司会计盈余的稳健性。迟旭升、洪庆彬（2009）以 2005～2007 年深市 A 股的上市公司为研究样本，主要考察在 2006 年中国出台《新会计准则》的背景下，上市公司会计盈余稳健性水平的变化情况。研究结果表明，从总体上看，中国上市公司的会计信息是存在稳健性特征的。从研究数据所检测的结果来看，新会计准则实施后，上市公司的会计盈余稳健性有所提升，但提升的幅度相对有限。毛新述和戴德明（2009）以 1994～2007 年我国会计制度改革为研究背景，研究得出上市公司的盈余稳健性同会计制度中稳健性原则的运用程度紧密相关。从上述研究可以看出，尽管新会计准则中引入了公允价值计量属性，但没有影响新会计准则的会计稳健性。一方面说明会计准则对会计稳健性的影响；另一方面说明会计准则不能完全解释会计稳健性，至少还存在其他影响会计稳健性的机制。

3. 制度安排与行业监管

沃茨（2003a）指出，监管是会计稳健性产生的一个重要原因。对准则制定机构和监管机构来讲，它们会因为制定的不完善的准则和规定而受到来自公众的批评与指责。为了减少自己受到的指责和降低政治压力，同时也可以更好地保护投资者利益，准则制定机构会从准则制定角度要求会计准则更加稳健（Bushman & Piotroski, 2006）。监管机构也会在制度执行上更加严格，以降低自身的政治压力和舆论压力。在 20 世纪 30 年代经济大危机之后，美国 SEC 颁布的证券法的基本原理表明会计是稳健的，并且对不稳健的会计导致 1929 年纽约股票交易所股票价格高估进行了指责。霍尔特豪森和沃茨（2001）分析了 SEC 对会计稳健性的影响。发现在 SEC 产生之前，资产价值可以调增到市场价值，并且许多调升都是针对房地产、厂房和设备。20 世纪 30 年代后期，SEC 开始对调增行为进行限制和监管，导致对固定资产进行从新估值并调增的会计实务到 1940 年已经"不复存在"。从 40 年代到 70 年代，

SEC 有效禁止了资产在财务报表中的调增估值。洛博和周（Lobo & Zhou，2006）检验了 SOX 颁布前后会计稳健性的差别，研究发现，在 SOX 颁布后，稳健性水平显著提高了。鲍尔和席瓦库玛（2005）经验研究发现，英国公司在 IPO 前后更具稳健性。

在中国，公司首次公开发行（IPO）、配股增发（SEO）、扭亏摘帽以及对高管人员的业绩考评，均是直接以盈余为基础，这些制度安排引发了上市公司大规模的盈余操纵现象。毛新述和戴德明（2008）认为，以盈余为基础的监管和评价制度是中国会计制度中稳健性原则强化的外在制度原因，而根本原因是稳健性原则的运用作为一种财务报告机制可以改善公司的盈余质量并强化对投资者利益的保护。钱春海（2009）以 1992～2005 年中国 A 股上市公司为样本，研究结果发现：自 1998 年起，由于证券法的颁布实施，中国上市公司财务报告的稳健程度在显著增加。

（二） 会计稳健性与公司治理

公司治理是一系列确保公司资产有效利用和保障投资者获得相应投资回报的机制（Shleifer & Vishny，1997）。会计稳健性作为一种投资者保护机制，与公司治理的关系在理论界存在两种观点：一是替代观；二是互补观。

1. 公司治理与会计稳健性的替代观

该观点主要从会计稳健性需求的角度进行研究，认为较强的公司治理足以对投资者进行保护，无须额外依靠稳健性来减少代理成本。拉丰和罗伊乔杜里（LaFond & Roychowdhury，2008）研究发现，会计稳健性与管理人员持股的比率呈负相关关系。他们认为，较低的管理人员持股比率意味着存在更严重的代理问题，因此，股东/债权人对会计稳健性具有更高的需求。拉丰和沃茨（2008）提供了会计稳健性与信息不对称程度之间的经验证据，会计稳健性能够降低不确定性和信息不对称。不同的公司治理结构代表不同的信息环境，弱的公司治理环境产生更高的会计稳健性需求。迟、刘和王（Chi，Liu & Wang，2009）的研究表明，在缓解代理问题上，会计稳健性是其他治理机制的替代机制。具体表现为：机构投资者比率越高，会计稳健性的需求越低。总经理同时是董事会成员时，会计稳健性的需求更大。

2. 公司治理与会计稳健性的互补观

该观点主要从会计稳健性的供给角度研究，认为较强的公司治理机制更倾向于提供稳健性的会计信息。贝克斯等（Beekes et al.，2004）发现，董事会中拥有更高比率的外部董事的英国上市公司在确认"坏消息"时更加及时。艾哈迈德和贝尔曼（Ahmed & Duellman，2007）研究发现，会计稳健性与内部董事比率负相关，与外部董事持股比例正相关。会计稳健性能够降低公司的代理成本、降低自负成本（dead-weight losses），为董事会履行其职能、监督管理者的行为提供有利的工具。加西亚·劳拉等（García Lara et al.，2009）认为，公司治理越完善会计稳健程度越高，公司治理机制与会计稳健性是互补关系（complementary）而不是替代关系（substitutes）。由于稳健的会计信息能够减少代理成本，降低董事、审计师以及管理人员的诉讼风险等，所以高效的公司治理机制需要稳健的会计信息，并且在会计稳健性执行方面发挥着重要作用。

本书认为会计稳健性是委托人与代理人相互博弈的结果。从委托人需求观点看，如果公司治理很完善，那么其对会计稳健性的需求就要少。因为，如果公司治理很完善，委托人与代理人之间的信息不对称程度就较低，委托人对代理人进行充分监督，额外的会计稳健性增加了信息成本。相反，如果公司治理比较弱，会计稳健性的需求增加，从而减少代理成本。从代理人的供给方面来看，公司治理好的公司，代理人受到的监督也就越大，面临的诉讼和监管的风险也越大，所以，代理人愿意提供稳健的会计信息。总的来看，公司治理与会计稳健性的关系是委托人与代理人博弈的结果。博弈受到外部治理机制的影响，同时，在中国，由于外部治理机制弱化，公司治理与会计稳健性更多地表现为互补的关系。例如，朱茶芬和李志文（2008）发现，国家控股上市公司对应着更低的会计稳健性，并认为内部人控制、债务软约束和政府干预三大治理弱化是抑制国有公司披露意愿，降低其盈余质量的制度根源。修宗峰（2008）研究上市公司两个股权结构变量——股权集中度与股权制衡度——对会计盈余信息质量特征——会计稳健性的影响，结果发现，股权集中度较高的上市公司将不利于会计盈余信息质量的提高，少数大股东可能通过及时确认"好消息"以及滞后确认"坏消息"的方式来掩盖对中小股东的"掏空"行为，会计盈余稳健性较低；而股权制衡度较高的上市公司会计盈余就有较高的稳健性，将有利于抑制少数大股东对会计盈余信息的操纵，从而保护中小投资者财富不受侵占。

（三）会计稳健性经济后果

目前，稳健性经济后果的研究历史较短，研究成果有限，主要可以分成两方面：一是对企业筹资成本的影响；二是对投资效率的影响。

1. 会计稳健性与筹资成本

对债务成本来说，一般认为贷款人为更稳健的借款人提供更低利率的贷款，稳健的财务报告降低了与债务协议相关的信息成本，使贷款人觉得自己所承担的风险降低，因此稳健性可以帮助企业获得较低的贷款利率，从而降低企业经营成本。艾哈迈德等（2002）发现，在控制了企业债务成本的成本相关，会计稳健性对于减轻债券持有人和股东之间的冲突及降低企业的债务成本有重要作用。而对于稳健性能否降低权益成本，目前研究的结果还存在一些分歧。弗朗西斯、拉丰、奥尔森和席佩尔（Francis, LaFond, Olsson & Schipper, 2004）在研究会计信息质量特征与资本成本关系时发现其中会计稳健性对于权益资本成本无显著影响。但是拉腊、奥斯马和佩纳尔瓦（Lara, Osma & Penalva, 2006）认为弗朗西斯、拉丰、奥尔森和席佩尔（2004）的发现是因为其选用的稳健性计量方法存在一些问题，降低了权益资本成本和稳健性之间的相关性。在此基础上他们采用多种计量方法组合来计量稳健性后发现，稳健性显示出了与事前资本成本之间显著的负相关关系。同时李（Li, 2009）发现，拥有更稳健财务报告体系的国家，公司的债务成本以及权益成本明显更低。

2. 会计稳健性与投资效率

如果企业采用稳健的会计，则其在评价投资项目时会更多地拒绝差项目，而将更多的资本配置到正净现值项目中，同时能尽早地从损失项目中撤离出来，从这个角度说，会计稳健性能提高投资效率。布什曼、史密斯和皮奥特洛斯基（2005）从国家横截面角度检验了稳健的财务报告体制对企业投资决策效率的影响，研究发现，在更稳健的财务报告体制下，企业对投资机会下降做出反应的速度更快。同时发现，在所有权更分散的国家中，稳健性在约束过度投资中的作用更高，这意味着大股东治理和会计治理之间存在替代效应。朱松和夏冬林（2010）的经验研究也发现，由于会计稳健性使得会计数字表现出系统性的低估，从而影响企业未来融资能力，造成投资不足。

第三章

会计稳健性经济后果理论分析

一、会计稳健性基本理论

（一）会计稳健性的演进

人类思想的进步在一定条件下可以决定社会的发展，社会的发展同样可以决定人类思想的进步。从会计发展与人类生活环境关系的演进过程可以看出，会计的发展是反应性的，也就是说，会计主要是应一定时期的商业需要而发展的，并与经济的发展密切相关（查特菲尔德，1989）。下面我们以企业组织的变迁为线索[①]，探讨稳健性会计的演进路径。

1. 庄园时期的稳健主义

第一次社会大分工之后，人类结束了漫长的狩猎和采集植物生涯，开始发展定居农业。随着定居农业成为社会主要的经济活动，分工制度和排他性产权也逐步确立。庄园（贵族的财产）在中世纪成为社会的主流形态。庄园会计反映的是自给自足经济的收支业务，与外界进行交易的成果在会计账户中列为"外务"。庄园的另一特征是通过代理人进行管理。公爵或伯爵通常将庄园的日常管理委托给授予正式官职的人和各园区的头领进行管理，而即使所受托的管家是受过良好教育的奴隶，他们与庄园主之间也必然存在利益冲突，即委托代理冲突。为了应对这一问题，拥有财产的业主便使用簿记来监控财富的增减和代理人的行

---

① 本书没有特意去研究会计稳健性产生的历史根源，对会计稳健性历史的研究超出了本书的范围，我们只是选择会计稳健性历史发展过程中几个典型的形态进行阐述，以大体勾勒出会计稳健性的发展脉络。

为，而代理人则将簿记用作解除自身受托责任的主要手段，受托责任实际上可视为是委托代理问题的组成要素。财产所有者（委托人）希望尽可能减少财产管理者（代理人）的偷懒与舞弊行为，而代理人则希望证明自己的清白与努力，于是簿记被用于记录代理人财产管理行动的结果，以判断代理人是否经营不力。但管理过程中存在着各种风险与不确定性，最终的经营成果究竟是出于代理人的主观行为，还是环境的客观影响，并非显而易见。在划分主观故意和客观不确定性的问题上，委托人和代理人基于各自的利益立场，持有不同的判断倾向，在不断博弈的过程中逐渐确立了一些双方均能接受的判断标准，稳健主义便是其中之一。早期稳健主义指在一定的证据支持下，簿记员与业主在核对账目时，对于损失都相对地高估，对于收益则相对地低估。这样一来，如果发生了估计内的损失，或者未获得估计外的收益，就不能作为判断代理人偷懒与舞弊的证据。稳健主义在委托人认可的范围内降低了代理人的受托责任，缓解了代理冲突，最终降低了交易成本。在当时的环境中，代理人的自我保护能力相当薄弱，过高的代理风险完全可能摧毁刚刚发展起来的代理人制度，阻碍经济的发展。因此，此时的稳健主义是代理人的一种保护机制，同时也是委托代理关系中的一种利益协调机制。

2. 合伙制企业与会计稳健性

庄园自给自足的状况作为一种制度限制了它自身的发展。在 17 世纪，城市开始取代庄园成为经济生活的中心，独立的手工制造业者开始与封闭的社会商人进行竞争。随着海外贸易的扩展，产生了新的市场和供货来源，其重心也就从庄园资产的受托管理转到保护公司投资者、计算利润和支付红利的问题上。代理会计依然存在，但委托代理关系开始发生巨大的变化，合伙企业成为社会的主流形式。由于经营活动的扩张需要更多的资金，于是合伙人开始分化为投资合伙人和执行合伙人，前者有助于扩大资金的融通渠道，后者则专注于经营管理。合伙人的分化使代理关系中委托人与代理人的距离越来越远，委托人和自己财产的距离也越来越远。代理人取得了经营的实际控制权，从以往的弱势转变为强势；相比之下，远离经营过程的投资者（如投资合伙人）反而更容易受到代理人问题的伤害。而此时的会计度量体系由于会计边界的扩张而引入了大量的估计方法与程序，使得曾经处于弱势地位的代理人反而可以利用这些估计来损害（而非保护）委托人的利益。为抵抗会计估计可能带来的对委托人的伤害，会计度量体系迫切需要强化稳健主义。

合伙企业中委托代理关系的变化，使稳健主义由原本的代理人自保策略，逐渐演化并扩展为一种委托人保护策略。通过高估损失而低估收入的不对称计量，可以抑制代理人虚报利润的机会主义行为，从而保护企业的资本不会在红利分配中流失。这样，稳健主义维护了发展初期脆弱的风险合伙制度，当然反过来，合伙制度的发展也促进了稳健主义的盛行。

3. 股份公司与会计稳健性

始于 18 世纪后半叶的工业革命带来了社会面貌的巨大变化。在工业革命所带来的变化中，最重要的是资本市场和股份有限公司的出现，极大地改变了社会的产权结构和企业中的委托代理关系。资本市场和公司的股份化催生了大量不参与公司经营管理的投资者，使社会上出现了一种新的身份和新的产权——股东和股权。而在两权（逐渐）分离的企业中，挟有控制权的经营者更是获得了广泛的会计选择权，他们对会计计量方法的任意选择，造成了实务中各种计量方法的并行，严重损害了会计信息的决策有用性，并对股东的利益造成威胁。20 世纪上半叶，会计开始对生产和交易过程进行细致的收入费用配比，即收益计量的"收入—费用观"。根据"收入—费用观"，收益被看作是企业投入（所费）和产出（所得）的衡量，即把特定时期内相关联的收入和费用相配比，如果收入大于费用为收益，反之则为亏损。在"收入—费用观"下，收益计算的关键就转化为收入和费用的确认、计量及配比。"收入—费用观"的提出使利润计算的精确性在技术层面上大大提高了，但同时应计、递延等计量程序的引入和运用扩大了会计的估计范围，管理者获得了更大的利润操纵空间，因此，从制度层面上，利润计算的可靠性受到了威胁。"收入—费用观"下虽然扩充了会计收益的内涵，但也为管理层的机会主义提供了更大的空间，为了尽量抑制管理层作出有损于股东利益的选择，用于制约管理层弄虚作假的稳健性会计原则和技术，仍然受到股东的重视，并成为其利益保护的有效机制。

债权人作为股份公司出资人另一主体之一，他的出现和发展不断强化会计稳健性的内涵和作用机制。在债务契约中，债权人和债务人面临着非对称收益和损失，债权人在企业经营状况好时也最多只能获得本金和利息，而一旦企业经营恶化，则面临血本无归的风险。债务人则不同，如果债务人利用债权人的资金投资高风险项目，获得的"超额收益"除了支付固定的成本外全部归属于自己，而一旦投资失败，损失的是债权人的资金。债务在公司治理中的重要作用体现在对经理的约束和监督，而债权人的这种监督往往不是通过直接监督、观察经理人的行为来实现的，而是通过企业是否违反契约中重要的会计指标实现间接监督，债权人关心的通常是企业的盈利能力和还本能力，因此企业利润与净资产是债权人重点关注的指标。而企业选择何种会计政策、会计稳健程度将直接影响上述会计指标，会计稳健性的这种非对称的确认计量方法与债权人非对称的收益与风险相匹配，更能够保护债权人的权益。正是由于债务人对稳健性的这种内生性需求，导致了实务中会计稳健性的运行早在正式准则制定之前就已经开始。因此，一方面，资本市场和股份公司的出现和发展加强了出资人对公司公共信息的需求；另一方面，两权分离和会计计量观的纵深发展，使得稳健主义转变成出资者用于对抗管理者（部分出资者也可能是管理者）的机会主义行为的有效治理机制。

（二）会计稳健性与会计目标

会计目标是关于会计系统所应达到境地的抽象范畴，它是沟通会计系统与会计环境的桥梁，是连接会计理论与会计实践的纽带。会计系统围绕会计目标发挥作用，会计目标引导会计系统运行。在不同历史阶段，会计的具体目标是不同的，会计目标受到环境因素的影响，随环境因素的变化而变化。"受托责任观"和"决策有用观"都是在不同环境下提出的具体会计目标，它们都是以一定的环境为前提的。1971年4月，美国注册会计师协会成立了特鲁布拉德负责领导的"财务报表目标研究小组"，美国注册会计师协会研究会计目标理论时提出以下几个课题：（1）谁需要财务报表？（2）他们需要什么信息？（3）在他们所需要的信息中，有多少能够由会计师提供？（4）为了提供所需要的信息，要求有一个怎样的结构？从上述四个问题中，我们不难看出会计的目标其实就是满足报表使用者的会计信息需求，节约各产权主体交易费用，这是财务会计的出发点和归宿。从图3-1中可以看出，各利益相关者的信息供给来自两个部分：一是公共信息；二是补充信息。如果所有利益相关者的信息需求都是相同的，那么完全可以通过公共信息来满足各方需求。但是，实际中由于各利益相关者与企业的利益关系不同（也可以说是资本关系不同），其对信息需求的内容、形式以及披露时间等也不相同，如果公共信息把各利益相关者所需要的信息都包括在内，从逻辑上说这是不可能的，从经济上说这也是不经济的。因此，公共信息提供什么？怎样提供？就成为一个需要研究的问题。一般来说，公共信息提供的原则是信息提供的边际收益要大于或等于边际成本。接下来的问题是如何度量信息的收益和成本问题，当然这也是一个难题，大多数时候是很难量化的，但有一个简单的原则，即如果该信息是大多数利益相关者所需要的，那么通过公共信息提供比通过各种补充信息提供的成本要低。由于稳健的会计信息能够满足股东与管理者之间薪酬契约中所强制提供的信息以及债权人与企业之间债务契约中所约定的部分信息的需求（当然还有其他利益相关者部分信息需求），因此，通过公共信息的方式提供该部分信息，其效率更高，这就是这种不对称的确认和计量的方法体现在会计准则中的原因。

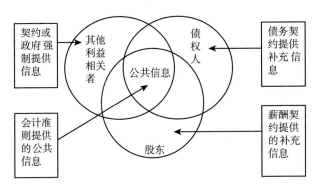

图 3 - 1　信息的需求与结构

　　当然，会计稳健性与具体的会计目标之间的关系也是随着环境的变化而变化的。从稳健性产生的历史来看，在中世纪的庄园会计中，会计稳健性是作为受托人接受受托责任、降低受托风险的一种机制，此时的会计目标是受托责任，稳健性则作为受托人的一种保护机制。随着企业资产规模以及经营业务复杂程度的增加，委托人与受托人之间的非对称关系发生了变化，委托人由于不参与企业的实际经营以及监督成本的高昂使得受托人产生了机会主义动机，委托人需要一种更加保守的收益质量，因此也产生了对稳健性会计的内在需求。当然，此时的会计目标仍然是受托责任，但环境的变化使得对会计稳健性内在需求从受托人转变成委托人。会计目标决策有用观的出现是资本市场发展的结果，也是会计信息发挥资本市场资源配置功能的直接体现。在股权高度分散的资本市场，由于会计稳健性能够遏制管理人员虚估收益和净资产的机会主义倾向，保护股东利益，因此，稳健性会计信息成为股东决策的重要依据。而在股权集中且内部人控制严重的情况下，中小股东和债权人为了维护自己的利益不受内部人侵害，也对稳健性会计信息产生强烈需求，当然这种需求转化成有效需求还要看他们之间的博弈结果。

（三）　会计稳健性与信息质量特征

准则制定机构一般都将相关性和可靠性作为会计信息质量特征的核心。国际会计准则中对可靠性的判别标准为："当信息没有重要错误或偏向，并且能够如实反映其拟反映或该反映的情况供使用者作依据时，信息就具备了可靠性。"具体表现为会计信息的"如实反映"、"实质重于形式"、"中立性"和"谨慎性"；美国财务会计委员会对可靠性的定义为："可靠性是指信息使用者可以信任所提供的信息。只有当会计信息反映了其所打算反映的内容，不偏不倚地表现了实际的经济活动和结果，既不倾向于事先预定的结果，也不迎合某一特定利益集团的需要；能够经得起验证核实，才能认为是具有可靠性的。"即强调可靠性"如实反映"、"可验证性"和"中立性"的特征。理解可靠性可以从会计需求与供给两个方面着手，从供给方面看，是指会计人员必须遵守会计法规，遵循会计核算原则，按照一定的会计核算程序和方法，尽可能提供真实、公正的会计信息；从会计使用者本身来看，所提供的信息必须能使信息使用者信赖，能够放心地用于投资、信贷等决策使用。从这个角度看，可靠性既包括产生程序和过程的真实性，也包括投资者心理层面上的可接受性。行为金融学表明，投资者在面对收益时是风险规避型的，而同样一个投资者其面对投资损失时则是风险偏好型的。稳健性的会计信息正是满足了投资者的这种非对称的心理偏好。稳健性的会计对收入的处理方法是过于保守，而对损失的确认则是过于激进。即对收入确认的可靠性要高，对损失确认的可靠性则要求比较低，这满足了投资者心理对可靠性的"非理性"需求。

关于稳健性对相关性的影响，我们首先从相关性的概念入手。美国财务会计概念公告第 2 号将相关性的信息定义为"能帮助投资者预测过去、现在和将来事项的结局，或去证实或纠正以往的预期情况，从而影响其决策"。其中，会计信息的相关性由预测价值、反馈价值和及时性三个要素构成。相关性和可靠性在确定的环境中通常是正相关的，但在不确定条件下，往往又是此消彼长的。在不确定的环境中，为了达到一定的可靠性，需要积累一定量的证据或等待证据随时间变得可靠，这必然会造成确认和计量在时间上的延迟，影响信息的相关性。在会计稳健性的不对称计量下，由于对"好消息"计量的可验证性要求更高，因此"好消息"计量的及时性将弱于"坏消息"。当企业报告盈利时，实际上是及时性较低的"好消息"减去及时性较高的"坏消息"之后的净结果。当企业报告亏损时，情况则相反，由于是及时性较高的"坏消息"减去及时性较低的"好消息"，因此亏损信息的及时性会进一步提高。因此，稳健性对相关性的影响要取决于具体的制度环境，综合各种因素，在一定条件下，稳健性可能表现出提高信息相关性的特征，在其他条件下，则可能相反。

二、会计稳健性经济后果的内涵

（一）传统的理论解释

迪瓦恩（Devine，1963）归纳了稳健性的解释，提出管理者机会主义、债权人对偿债能力的关注以及审计领域里对收入确认的严格要求等均可能与稳健性有关。沃茨和齐默尔曼（Watts & Zimmerman，1986）从契约论入手，提出了实证会计理论的三大假说，即分红计划假说（bonus plan）、债务契约假说（debt covenant）和政治成本假说（political cost）。克里斯蒂（Christie，1990）在沃茨和齐默尔曼（1986）提出的三大会计选择动机的基础上进一步指出，管理者薪酬、杠杆、公司规模、风险、利息率以及股利现值这些因素对于稳健性程度的选择具有显著解释力。稳健性实际上是一种非对称的及时性和可验证性，对它的需求源于契约参与方之间的信息不对称。公司契约当中最为重要的就是股东和管理层之间的契约以及股东和债权人之间的契约。企业各参与者使用会计信息来降低代理成本，从而提高企业价值，这就产生了对具有及时性和可验证性会计信息的需求。

在债务契约中，债权人和债务人面临着非对称收益和损失，债权人在企业经营状况好时也最多只能获得本金和利息，而一旦企业经营恶化，则面临血本无归的风险。债务人则不同，如果债务人利用债权人的资金投资高风险项目，获得的"超额收益"除了支付固定的成本外全部归属于自己，而一旦投资失败，损失的是债权人的资金。因此，大多数债务契约都备有借款人在契约期间必须遵守的保护性条款（Watts & Zimmerman，1986）。例如，保持一定标准的权益负债率、利息保障倍数、营运资本及所有者权益，对兼并活动的限制、对向其他企业投资的限制、对资产处置的限制、对增加债务的限制等，如果公司违反了这些条款，债权人就会对其进行惩罚。债务在公司治理中的重要作用体现在对经理的约束和监督，而债权人的这种监督往往不是通过直接监督、观察经理人的行为来实现的，而是通过企业是否违反契约中重要的会计指标实现间接监督，债权人关心的通常是企业的盈利能力和还本能力，因此企业利润与净资产是债权人重点关注的指标。而企业选择何种会计政策、会计稳健程度将直接影响上述会计指标。稳健性原则要求不高估资产和收益、不低估负债和费用，及时地确认损失；不允许进行盈余平滑和"洗大澡"，更不允许采用激进的会计政策来增加盈余。因此，会计稳健性的这种非对称的确认计量方法与债权人非对称的收益与风险相匹配，更能够保护债权人的权益。在薪酬契约中，会计稳健性可以作为抵减管理者过于乐观的机会主义的一种工具。经理的报酬很大程度上取决于盈利数字，以及经理盲目扩大自己经营帝国的倾向，这会导致经理隐瞒亏损项目而只报告盈利项目的行为，而会计稳健性能够在一定程度上抵消这种倾向，帮助投资者及早发现并终止亏损的项目。实证研究的结果也表明，会计稳健能够影响企业价值从而影响投资价值。彭曼和张（2002）直接衡量了一些稳健性会计政策对盈余和股票价值评估的影响。他们发现，在企业投资处于增长阶段，稳健性的会计处理方法降低了当期的利润，同时为未来期间产生了盈余储备。一方面，当增长放缓的时候，未来盈余反而人为地提高了。而投资者往往意识不到当期的较低盈余和未来的较高盈余之间的关系，并因此低估了现在企业的价值。随着未来盈余的逐渐披露，企业价格超额增加，产生正的超额回报。另一方面，当企业投资增长放缓的时候，企业反而释放了稳健性的会计方法在过去产生的盈余储备，从而高报了企业利润，并导致投资者高估企业价值。随着未来较低盈余的披露，企业价值向下调整，产生负的超额回报。

（二）行为金融学解释

会计是提供决策信息的，从会计信息到决策一般要经过两个过程：第一步是投资者根据贝叶斯法则①处理信息，修正自己对股票价值的看法；第二步是在正确处理信息的基础上，其投资决策符合期望效用法则②。这样新的股票价格将围绕股票的内在价格上下波动，维持市场的有效性。行为金融学认为投资者不一定都是理性的，他们在以上两个步骤中分别或共同违反了贝叶斯法则和期望效用法则，从而造成资本市场上的错误定价。行为金融学大量借用了心理学的研究成果，证明投资者在处理信息和投资决策过程中发生的系统性偏差及其对股票定价的影响。

首先，贝叶斯法则能够告知我们如何利用新证据修改已有的看法。但行为经济学家发现，人们在处理信息时由于系统的心理偏见，因而违背了贝叶斯法则。人们在决策过程中往往并不遵循贝叶斯法则，通常给予最近发生的事件和最新的经验以更多的权值，在决策及做出判断时过分看重近期的事件。这种对经典模型的系统性偏离称为"偏差"，比如说投资者容易过于自信，对强大的信息过度反应或者对强度较小的信息

---

① 贝叶斯法则也称贝叶斯定理，是关于随机事件 A 和 B 的条件概率和边缘概率的一则定理。

$$P(A \mid B) = \frac{P(B \mid A)P(A)}{P(B)}$$

在贝叶斯定理中，每个名词都有约定俗成的名称：其中 $P(A \mid B)$ 是在 B 发生的情况下 A 发生的可能性；$P(A)$ 是 A 的先验概率或边缘概率。之所以称为"先验"是因为它不考虑任何 B 方面的因素；$P(A \mid B)$ 是已知 B 发生后 A 的条件概率，也由于得自 B 的取值而被称作 A 的后验概率；$P(B \mid A)$ 是已知 A 发生后 B 的条件概率，也由于得自 A 的取值而被称作 B 的后验概率；$P(B)$ 是 B 的先验概率或边缘概率，也作标准化常量。

② 期望效用函数理论，期望效用函数理论是 20 世纪 50 年代，冯·纽曼和摩根斯坦在公理化假设的基础上，运用逻辑和数学工具，建立了不确定条件下对理性人选择进行分析的框架。

如果某个随机变量 X 以概率 Pi 取值 x_i，$i = 1, 2, \cdots, n$，而某人在确定地得到 x_i 时的效用为 $u(x_i)$，那么，该随机变量给他的效用便是：

$$U(X) = E[u(X)] = P_1 u(x_1) + P_2 u(x_2) + \cdots + P_n u(x_n)$$

其中，$E[u(X)]$ 表示关于随机变量 X 的期望效用。因此 $U(X)$ 称为期望效用函数。

反应不足。在这些投资者中容易出现"羊群效应"[1] 和"瀑布心理效应"[2] 等。

其次，即使投资者在处理信息的过程中遵守了贝叶斯法则，处理信息正确，但投资者也可能在正确信息的基础上做出错误的投资决策，这是因为投资者在决策过程中违背了期望效用法则。在这个领域最著名的心理学证据是前景理论。前景理论的一个基本发现是人们在面对获得时是风险规避的，但是在面临损失时是风险偏好的。例如，如果有两个选择，一个是肯定得到 1 000 元；另一个选择是有 50% 的概率得到 2 000 元，50% 的概率什么也得不到。这种情况下，人们往往倾向第一种选择，表明人们是风险规避的。但是，同一个人，当给他另外两个选择，一个是肯定失去 1 000 元；另一个选择是有 50% 的概率失去 2 000 元，50% 的概率失去 0 元。这种情况下，人们往往倾向第二种选择，表明同一个人又是风险偏好的。如果一个人的偏好符合期望效用法则，他的风险态度不应该发生变化。但是在现实中，人们的风险态度在面对获得和损失的时候却是不一样的。这就导致了即使拥有了正确信息且都对信息进行了恰当的处理，投资者还是可能在决策的过程中发生错误，导致错误的投资决策。

下面我们分别研究稳健性会计对投资者处理信息过程和投资决策过程的修正作用。

1. 稳健性会计对投资者处理信息过程的修正

在分析稳健性会计对投资者处理信息过程的修正中，假设如下。（1）假设存在两类企业，我们用 H 和 L 分别代表盈利能力强或弱的企业。盈利能力好的企业支付水平为 C_H 的股利，盈利能力弱的企业股利水平为 C_L，且 $C_H > C_L$，企业支付股利直到永远，两类企业的资本成本均为 r。投资者不能直接区别两类企业，但投资者关于企业 H 的先验概率为 $P(H) > 0$，关于企业 L 的先验概率为 $P(L) = 1 - P(H)$。（2）企业向资本市场提供会计信息，我们假设企业提供的会计信息只能是

---

① "羊群效应"是指人们经常受到多数人影响，而跟从大众的思想或行为，也被称为"从众效应"。在资本市场上，"羊群效应"是指在一个投资群体中，单个投资者总是根据其他同类投资者的行动而行动，在他人买入时买入，在他人卖出时卖出。

② "瀑布心理效应"，即信息发出者的心理比较平静，但传出的信息被接受后却引起了不平静的心理，从而导致态度行为的变化等，这种心理效应现象正像大自然中的瀑布一样，上游平平静静，而遇到了某一峡谷即会一泻千里。

"好消息"或"坏消息",记"好消息"为 GN,"坏消息"为 BN。由于会计信息不可能完全度量企业真实的经济状况,所以盈利能力强的企业也有可能报告坏的消息,即 $P(BN \mid H) > 0$,同样盈利能力弱的企业也可能报告好的消息,即 $P(BN \mid L) > 0$。(3)关于投资者的偏好,我们仅假设投资者偏好更多的收益,所以直接用投资者预期的收益表示其效用。记投资者的效用为 U,没有新信息时,投资者预期效用为:

$$E(u) = \frac{C_H}{r} P(H) + \frac{C_L}{r} [1 - P(H)] \tag{3.1}$$

如果投资者观察到的会计信息是"好消息",根据贝叶斯法则,投资者的后验信息为:

$$P(H \mid GN) = \frac{P(GN \mid H)P(H)}{P(GN \mid H)P(H) + P(GN \mid L)P(L)} \tag{3.2}$$

$$P(L \mid GN) = 1 - P(H \mid GN) \tag{3.3}$$

观察到"好消息"后,投资者的预期效用为:

$$E(u \mid GN) = \frac{C_H}{r} P(H \mid GN) + \frac{C_L}{r} [1 - P(H \mid GN)] \tag{3.4}$$

获得信息前后投资者预期效用的增量,即投资者所愿意为信息支付的最高价格,可以将其定义为信息的价值,将式(3.4)与式(3.1)相减并化简,即得信息的价值为

$$\frac{C_H - C_L}{r} [P(H \mid GN) - P(H)] \tag{3.5}$$

式(3.5)中,$\frac{C_H - C_L}{r}$ 是好企业相对于差企业带给投资者的效用增量,$P(H \mid GN) - P(H)$ 则是该企业为好企业的概率的增量,效用增量与概率增量的乘积即预期效用增量,即信息价值,也即投资者理性条件下的内在信息价值。

同理,如果投资者观察到的会计信息是"坏消息",根据贝叶斯法则,投资者的预期损失为:

$$\frac{C_L - C_H}{r} (P(L \mid BN) - P(L)) \tag{3.6}$$

行为金融学发现，人在不确定条件下的决策过程中并不是完全理性的，会受到过度自信、锚定效应①、损失规避等信念影响，谢弗林和斯特曼（Shefrin & Statman，1985）研究发现，投资者倾向于过早卖出盈利的股票和过久地持有亏损的股票。在式（3.5）和式（3.6）中即表现为投资者对 $P(H|GN)$ 和 $P(L|BN)$ 后验概率的低估，对 $P(H|GN)$ 的低估造成了投资者未能完全获得理性条件下的预期投资效用，而对 $P(L|BN)$ 的低估则是增加大了投资者损失的风险，造成应该及时止损却未能止损。稳健性的会计信息对"好消息"和"坏消息"的非对称确认和计量，使得当投资者观察到的会计信息是"好消息"时，由于"好消息"的确认需要更高的可证实性，正好增加了"好消息"的后验概率，使得被低估的投资预期重新回到理性投资情况下的投资收益预期。而相反，当投资者观察到的会计信息是"坏消息"时，由于"坏消息"的确认更加及时，使得"坏消息"的后验概率增加了，避免了不必要的投资风险。谢弗林和斯特曼（1985）在阐述投资者这种"倾向性效应"时，将其解释为"心理会计"和"悔恨厌恶"，从上面的分析中可以看出，稳健性的会计信息在不确定条件下，调整投资者非对称的"心理账户"和强化自我"骄傲"控制以及"悔恨"控制方面起到了积极的作用。

2. 稳健性会计对投资者投资决策过程的修正

投资决策过程是信息与投资者偏好共同决定的。投资者决策理论通常探讨投资者在不确定性或风险环境下的行为准则，如图 3 - 2 所示，在投资决策前，投资者根据历史信息往往对投资项目有些了解和经验，这被称为先验概率；当新信息产生后，理性的投资者根据贝叶斯法则调整对投资项目的预期，形成后验概率。当然，非理性的投资者面对同样的新信息可能产生过度或不足的调整力度，导致非理性投资预期。在投资决策过程中，投资者根据自己的偏好，选择投资组合和投资机会，最终的投资收益及其经验反过来成为下次投资的先验概率。如果没有新信息的产生，则直接以先验概率和投资者的风险偏好进行投资决策。

---

① 锚定效应最早由卡内曼和特韦尔斯基（Kahneman & Tversky，1973）在研究行为金融学时提出，指的是人们在对某人某事做出判断时，易受第一印象或第一信息支配，就像沉入海底的锚一样把人们的思想固定在某处。作为一种心理现象，锚定效应普遍存在于生活的方方面面。第一印象和先入为主是其在社会生活中的表现形式。

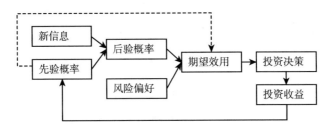

图 3 - 2　投资者投资过程中信息处理与投资决策过程

因此，投资决策的第二步其实就是投资者风险偏好问题，风险偏好也即风险态度，一般分为三种：风险厌恶（risk averse）、风险中性（risk neutral）和风险偏好（risk appetite）①。特韦尔斯基和卡恩曼（1979）认为，投资者更愿意冒风险去避免亏损，而不愿冒风险去实现利润的最大化。在有利润的情况下，多数投资者是风险的厌恶者；而在有亏损的情况下，多数投资者变成了风险偏好者。一般而言，当盈利额与亏损额相同的情况下，人们在亏损状态时会变得更为沮丧，而当盈利时却没有那么快乐。行为金融学研究还表明，投资者在亏损 1 美元时痛苦的强烈程度是在获利 1 美元时高兴程度的 2 倍。如图 3 - 3 所示，当"好消息"（盈利）出现时对投资者的效用函数为 GS，这是单位"好消息"给投资者带来的边际效用，为 GZ；而在"坏消息"（亏损）出现

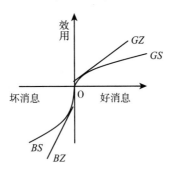

图 3 - 3　非理性下的投资效用

① 风险厌恶是一个人接受一个有不确定收益的交易时相对于接受另外一个更保险但是也可能具有更低期望收益的交易的不情愿程度；风险中性是相对于风险偏好和风险厌恶的概念，风险中性的投资者对自己承担的风险并不要求风险补偿；风险偏好是指人们在实现其目标的过程中愿意接受的风险的数量。

时，投资者的效用函数 BS 变得比 GS 要陡峭得多，表现为 BZ 的斜率要大于（不考虑正负号，下同）GZ，说明投资者在心理上对"损失"更敏感，而对"获得"相对不敏感。

如图 3 - 4 所示，由于稳健的会计信息加强了会计报告的"好消息"和企业的"高盈利"之间的联系，当会计报告"好消息"时，有限理性投资者往往会高估"高盈利状态"出现的概率，即 GS 曲线向上移动到 GS'；反之，稳健性削弱了"坏消息"和企业"低盈利"之间的联系，当会计报告"坏消息"时，有限理性决策者又往往会低估"低盈利"出现的概率，使得原本陡峭的 BS 曲线变得平缓一些（曲线 BS'）。会计稳健性的不对称特征，使投资者在有限理性的环境中具有更高的决策有用性。具体来说，稳健的会计信息能够缓解投资者对"损失"的激进程度和对"收益"的保守倾向。

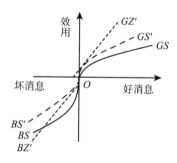

图 3 - 4　修正后的投资效用

总的来说，会计稳健性能够修正投资者决策过程中的信息处理偏误和决策过程中的效用偏好。

三、会计稳健性经济后果作用机制

（一）会计稳健性对企业价值的影响

泽夫（Zeff, 1979）指出，经济后果是指会计报告影响企业（管理层）、政府机关、工会、投资者和债权人的决策行为。斯科特（Scott, 1997）则将经济后果直截了当的总结为会计政策对企业价值的影响。按照国际会计准则委员会的定义，会计政策是指"企业编报财务报表时所采用的具体原则、基础、惯例、规则和实务"；会计政策是企业在会计准则的范围内，根据企业的具体情况所选择的最能反映企业财务状况、经营成果和现金流量的会计原则、程序和方法的总称。在会计信息相关性和可靠性权衡的原则下，对某一经济事项的会计处理往往有多种备选的会计处理方法，为企业进行会计政策选择留下了较大的选择空间。会计政策的选择贯穿于企业从会计确认到计量、记录、报告整个环节的构成。企业选择不同的会计政策产生不同的会计信息，导致企业各利益相关者不同的利益分配结果和投资决策行为，进而影响社会资源的配置效率及结果。会计准则之所以产生经济后果，最主要的原因在于管理层所参与的契约是基于会计数据的，会计准则变化或会计政策的变化会导致管理层在最大化自身利益的情况下改变管理层的行为，从而影响企业价值，进而影响到股东和债权人的利益，影响政府经济政策的效果。如图 3 - 5 所示，我们可以将会计准则抽象为可供企业选择的会计方法（政策）的集合，准则的制定即制定机构确定一个可供企业选择的会计方法的集合，给定这一集合，管理层可供选择的行为集合是准则的函数，管理层可以通过选择不同的会计政策来达到自己的最优策略，最优策略是一个管理层的收益与成本的效用函数，以此来调节自己的经营行为，影响企业的投融资以及分配，进而影响企业价值。股东和债权人根据对管理层会计选择的预期或者后验概率，对企业会计信息产生调整或修正，进而影响会计准则的制定。政府作为市场的管理者和调解者参与到会计准则的制定过程中来，当然会计信息的功效离不开资本市场

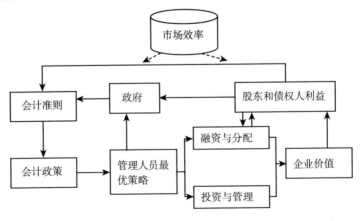

图 3 - 5　会计准则经济后果

的效率水平，不同的市场效率信息的功效是不相同的。

信息不对称有两种情况类型。第一种是逆向选择。这种类型导致的信息不对称的原因是一些人掌握了另外一些人所没有的信息。例如，投资者可能不了解上市公司的质量，如果能够减少投资者与上市公司之间的信息不对称，则交易各方都可能收益。如将上市公司的真实信息以可靠的方式传递给持怀疑态度的投资者，那么股价就可能上升。事实上，逆向选择大量存在，它的产生源于一些诸如公司管理层和其他内部人员（大股东）比外部投资者掌握了更多的关于公司当前状况及未来前景的信息。管理层和其他内部人员可以通过各种途径，以牺牲外部者的利益来谋取他们的信息优势利益。例如，通过扭曲或操纵提供给投资者信息的方式来谋取这种利益。然而，这就会影响投资者的决策，而且，如果投资者担心信息的可靠性，他们在购买公司债券和股票时就会显得格外谨慎，因此可能低估公司证券的价格。大量的研究表明，稳健性的会计信息能够缓解投资者对信息的这种怀疑态度，表现在资本市场就是公司的证券价格比不稳健性公司的价格要高，即稳健性的会计信息能够提高股票价格。

信息不对称的第二种类型是道德风险。导致这种信息不对称的原因是，交易中的一些人不能观察到另外一些人采取的可能影响到各方利益的行为。例如，如果户主的财产已全部投保，他们就不会尽力去保护他们的财产。在公司中，道德风险主要涉及有关激励管理者努力工作的问题，它的产生来源于所有权与经营权的分离，股东和债权人是不可能观察到高层管理人员的努力程度和工作效率的。于是，管理人员就有可能偷懒，或将公司状况的恶化归结为他们不可控制的因素。一般来说，利润是衡量管理层工作努力程度的一个综合指标，稳健性的会计通过更加及时地确认损失、更严格地确认收入，使得管理层提供的报告利润更加可靠和透明，股东与债权人也能更加及时和客观地观察到管理层的努力程度，迫使管理层将更多的精力放在提高公司经营效率而不是盈余操纵上，从而从本质上提高企业的盈利能力。因此，从这个角度上看，稳健性的会计也发挥了提高公司价值的功效。

（二）会计稳健性经济后果的博弈分析

囚徒困境是博弈论的非零和博弈中具有代表性的例子，它假设两个罪犯甲和乙，因警方没有直接掌握他们犯罪的事实，他们将面临警察的审问。假设他们面对警察的审问可以采取的行为分别是坦白和不坦白，关于两个罪犯的效用水平，我们做如下假设：两个人都不坦白，那么由于警察并没有直接的犯罪证据，那么只能根据他们轻微的犯罪事实判他们每人入狱 2 年；如果一个人坦白而另一个不坦白，那么坦白的人由于做污点证人具有立功表现，从而从轻发落只判入狱 1 年，而拒绝坦白的一方判刑 10 年，两人都坦白，那么各自判 5 年，他们的博弈效用收益如表 3 - 1 所示。

表 3 - 1   囚徒困境

		罪犯乙	
		不坦白	坦白
罪犯甲	不坦白	（-2，-2）	（-10，-1）
	坦白	（-1，-10）	（-5，-5）

当罪犯乙不坦白时，罪犯甲坦白的效用（-1）要大于不坦白的效用（-2），所以罪犯甲的最优行为是坦白；当罪犯乙坦白时，罪犯甲坦白的效用（-5）要高于不坦白的效用（-10），其最优的行为仍然是坦白，所以坦白是罪犯甲的优势策略。由于博弈的对称性，不论罪犯甲是否坦白，罪犯乙的最优策略也是坦白。因此，博弈的结果是罪犯甲和罪犯乙都坦白，形成一个纳什均衡。

借鉴上面的博弈分析，根据信息不对称的两种类型，我们将博弈分成两个阶段：一是投资者投资前；二是投资者购买后。投资前信息不对称的类型是逆向选择，投资后是道德风险。根据前面的分析，投资者在决定是否购买公司股票时存在逆向选择，其博弈分析如表 3 - 2 所示。

表 3 - 2   逆向选择过程的博弈分析

		股东	
		投资	不投资
管理者	好公司	$(G1, I1)$	$(G2, Z1)$
	坏公司	$(B1, I2)$	$(B2, Z2)$

在最优的情况下，股东在好公司（盈利能力强）的情况下选择投资，坏公司（盈利能力强）时选择不投资，即（好公司，投资）与

（坏公司，投资）都是纳什均衡。由于采用稳健性的会计信息对管理层来说也是有成本的，假设稳健性的成本为 C，则对于管理者来说，当公司是好公司且股东投资时，采用稳健性的会计政策其收益为 $G1 - C$，显然不管是否采用稳健的会计政策，都有 $G1 > G2$，$B1 > B2$；同时，当管理者采用稳健性的会计政策，在信息显示公司为好公司时股东投资的概率 P_{CG} 比非稳健性时显示的好公司投资的概率 P_{NG} 要大，即 $P_{CG} > P_{NG}$。正由于 P_{CG} 与 $G1 - C$，以及 P_{NG} 与 $G1$ 之间是此消彼长的关系构成了管理者会计政策选择与股东投资之间的博弈关系。当然，博弈的结果要看博弈关系之间两者的效用函数的大小。

表 3 - 3 表示的是当投资者在第一阶段博弈的基础上选择购买该公司股票，在持有阶段同样面临道德风险引发的信息不对称（当然，持有阶段也面临由于新信息导致对第一阶段逆向选择的调整决策，在此我们不讨论）。该阶段，投资者与管理者之间面临的管理者是否好好经营企业、是否有偷懒的行为发生，也即如何通过会计信息来监督管理者的行为。

表 3 - 3　　　　　　　　　　　　　道德风险过程的博弈分析

		股东	
		继续持有	出售股票
管理者	努力	($E1$，$H1$)	($E2$，$S1$)
	偷懒	($L1$，$H2$)	($L2$，$S2$)

分析该问题我们采用夏皮罗和斯蒂格利茨（Shapiro & Stiglitz, 1984）提出的怠工模型。该模型的假设如下：（1）假设管理者的效用函数设定为：$U(w, e) = w - e$（w 为工资，e 为管理者的努力程度）；（2）假定管理者只有两种选择：努力工作 $e \geq 0$ 或者偷懒 $e = 0$；（3）每个管理者在任何时候都处于下面两种状态之一：就业或失业，单位时间内外生事件以 b 的概率导致管理者离职（如由于迁移等原因）；（4）管理者以贴现率 r 最大化其预期效用；（5）如果管理者努力工作，他将被支付工资 w；如果偷懒，管理者以单位时间 q 的概率被股东发现，如果被发现，他将被解雇，其失业期间获得失业保险金 w_o。

管理者选择努力水平最大化其贴现效用。这就要比较偷懒和努力工作所获得的效用的大小。定义 V_E^s 为偷懒者的预期贴现终身效用；V_N^s 为努力工作者的预期贴现终身效用，V_U 为失业者的预期贴现终身效用。根据利率乘以资产的价值等于收益（红利）加上预期的资本增值（或资本损失）这一公式，可以得出下面两个等式。对偷懒者而言，基本的资产等式为：

$$rV_E^S = w + \frac{b+q}{V_U - V_E^S} \qquad (3.7)$$

对努力工作的管理者，等式为：

$$rV_E^N = w - e + (V_U - V_E^N) \qquad (3.8)$$

解式（3.7）和式（3.8），可得

$$V_E^S = \frac{w + (b+q) V_U}{r + b + q} \qquad (3.9)$$

$$V_E^N = \frac{(w-e) + b \times V_U}{r + b} \qquad (3.10)$$

当且仅当 $V_E^N \geqslant V_E^S$ 时，管理者才不偷懒。我们称为无偷懒条件（NSC）。解式（3.9）和式（3.10），可得：

$$w \geqslant rV_U + \frac{(r+b+q) e}{q} \qquad (3.11)$$

式（3.11）表明，激励管理者不偷懒的方式很多，包括更多的报酬（w）支付，以及更高的偷懒发现概率（q），且 w 与 q 成反比，说明要想使管理者不偷懒，在 w 一定的条件下，可以加大对管理者的监督力度（q），而大量的研究表明，稳健性的会计信息能够增加管理者偷懒被发现的概率（q）。

第四章

会计稳健性与企业筹资

筹资是指企业为了满足其经营活动、投资活动、资本结构调整等需要，通过一定渠道、采取适当方式筹措资金的财务活动，是财务管理的首要环节，是企业生存、发展和获利的前提与保障。按照企业所取得资金的权益特征不同，筹资可分为股权筹资、债务筹资和衍生工具筹资三种。股权筹资通过吸收直接投资、发行股票、内部积累等方式取得，该筹资方式财务风险较小，资本成本相对较高。债务筹资通过借款、发行债券、融资租赁以及赊购商品或服务等方式取得，具有较大的财务风险，资本成本相对较低。衍生工具筹资包括兼有股权与债务特征的混合融资和其他衍生工具融资，如可转换债券及认股权证。

企业的筹资决策主要解决以下几个问题：利用权益资本还是债务资本？通过什么渠道筹措哪种权益资本或债务资本？以及权益资本与债务资本之间的比例多少？利用长期资金还是短期资金？它们之间的比例又是多少？总的来看，影响企业筹资的因素包括外部环境因素和内部环境因素。外部因素包括经济环境、法律环境和金融环境等；内部环境因素包括企业的组织形式、规模业绩、资产结构、资本结构等。资本市场是企业融资的主要场所，而高质量的会计信息是维护证券市场有效运转的前提。会计信息是对公司交易的回顾，揭示了交易的发生与否以及发生的时间、金额、所涉及的权利义务。公司通过会计信息传递公司资产状况、经营成果和现金流量等信息，出资者借助公司披露的会计信息进行投资决策，出资人投资过程也就是企业筹资过程，由此，会计信息成为影响企业筹资活动的重要因素。公司治理是降低公司内部代理成本，保证公司实现长远发展前景，获取长期业绩的一套机制。其中一个主要方面是现代企业理论所强调的债务在公司治理中起到的重要作用（张维迎，2000）。债务融资契约和破产威胁能有效地缓解管理层代理问题，更好地约束和监督经理（Harris & Raviv，1991）。已有的经验研究也考察了会计稳健性是否有利于债务契约的签订。

会计稳健性对债务融资的经验研究主要包括两个方面：一是会计稳健性与负债融资规模；二是会计稳健性与融资成本。孙铮、刘凤委和汪辉（2005）利用 1999～2002 年 A 股上市公司的数据分析了债务作为一种公司治理机制对会计稳健性的影响，发现债务比重比较高的公司相对债务比重比较低的公司，其会计政策选择更加稳健，而且，当企业陷入财务困境时，债权人会要求企业采取更加稳健的会计政策。成熟资本市场的经验研究也表明，相对银行债务，公开债务作为一种重要的筹资来源，其经济特征使财务报告呈现出更及时的损失确认（Ball，Kothari & Robin，2000；Ball，Robin & Sadka，2008；Nikolaev，2010）。进一步的研究表明：在公司层面，稳健性降低了债务成本（Ahmed et al.，2002；Zhang，2008；毛新述和戴德明，2008），减轻了公司的信息不对称（Wittenberg-Moerman，2008；LaFond & Watts，2008），以及实现控制权的更早转移（Zhang，2008）。本章从会计稳健性的角度来研究会计信息与企业筹资的关系，深化了会计信息经济后果论的相关研究，丰富了我们对企业筹资的认识。

一、制度背景与研究假说

现代企业理论将企业看作是各种契约的结合体，企业各参与者使用会计信息主要有两方面的作用：一是通过会计信息作为设计参与契约的依据；二是通过会计信息来检验约束契约的执行状况。沃茨（2003a）认为，会计稳健性产生的原因主要包括公司契约、法律诉讼、监管以及税收。在公司契约当中最为重要的就是股东和管理层之间以及股东（管理层）和债权人之间的契约。

（一）会计稳健性与股权融资

在股东与管理层之间的契约中，稳健性可以作为缓解管理者过于乐观的机会主义的一种工具。因为由于经理补偿契约的存在以及经理盲目扩大自己的经营帝国的倾向，都会导致经理隐瞒亏损项目而只报告盈利项目的行为，稳健性的存在可以缓解这一冲突，帮助投资者及早发现亏损项目，从而提高企业价值。权、纽曼和徐（Kwon, Newman & Suh, 2001）将会计稳健性模型化为一种有效的监督机制，当会计信息作为薪酬契约的依据以及股东对经理人的处罚有限时（经理人的有限责任），委托人总是希望会计信息系统是稳健的，它可以增强契约效率。中国上市公司存在显著的股权融资偏好（黄少安和张岗，2001；阎达五等，2001），学者们大都将其直接动因归结为中国上市公司的股权融资成本偏低（黄少安和张岗，2001；高晓红，2000），而股权融资成本偏低是否与会计稳健性有关呢？拉腊、奥斯马和佩纳尔瓦（Lara, Osma & Penalva, 2006）研究发现，会计稳健性显示出与事前资本成本之间显著的负相关关系。李（2009）也发现，拥有更稳健财务报告体系国家的公司权益成本显著的更低。因此，在其他条件一定的情况下（例如：保持必要的资本结构、融资环境等），股权融资的企业不管是为了获得更低的融资成本，还是由于其对管理层监管能力的强化，都会导致其对会计稳健性的需求。因此，得出本章的假设一。

H1：在其他情况一定的情况下，股权融资主导型的公司存在会计稳健性。

（二）会计稳健性与债权融资

关于债权融资与会计稳健性的文献主要是基于代理理论，认为债权人和债务人的利益冲突会影响企业会计信息的稳健程度（Holthausen & Watts, 2001；Watts, 2003a, 2003b; et al.）。在债务契约中，债权人和债务人面临着非对称收益及损失，债权人在企业经营状况好时也最多只能获得本金和利息，而一旦企业经营恶化，则面临血本无归的风险。债务人则不同，如果债务人利用债权人的资金投资高风险项目，获得的"超额收益"除了支付固定的成本外全部归属于自己，而一旦投资失败，损失的是债权人的资金。因此，大多数债务契约都备有借款人在契约期间必须遵守的保护性条款（Watts & Zimmerman, 1986）。例如，保持一定标准的权益负债率、利息保障倍数、营运资本及所有者权益，对兼并活动的限制、对向其他企业投资的限制、对资产处置的限制、对增加债务的限制等，如果公司违反了这些条款，债权人就会对其进行惩罚。债务在公司治理中的重要作用体现在对经理的约束和监督，而债权人的这种监督往往不是通过直接监督、观察经理人的行为来实现的，而是通过企业是否违反契约中重要的会计指标实现间接监督,债权人关心的通常是企业的盈利能力和还本能力,因此企业利润与净资产是债权人重点关注的指标。而企业选择何种会计政策、会计稳健程度将直接影响上述会计指标。稳健性原则要求不高估资产和收益、不低估负债和费用,及时地确认损失,不允许进行盈余平滑和"洗大澡",更不允许采用激进的会计政策来增加盈余,因此,会计稳健性的这种非对称的确认计量方法与债权人非对称的收益与风险相匹配,更能够保护债权人的权益。经验研究也得出了相同的结论。鲍尔等(2008)指出,稳健性财务报告的需求主要来自债券市场而非权益市场,债券市场需要较高的及时性及稳健性,因为债务契约主要利用财务报表的数字设定各种条件。相较于债券市场,权益市场的信息并非只局限于财务报表的数字,权益市场的投资人可以利用市场上的各种信息,如媒体杂志报道、财务分析师的预测及所见所闻的信息等,鲍尔等(2008)研究各国的数据发现,稳健性会计信息需求愈大者,其债券市场愈发达,暗示债券持有者是稳健会计信息的主要需求者。

债权人通常可以分为发行公开债券的持有人和银行等专门的金融机构。两者在债务契约中的谈判能力和监督能力以及获得信息的方式存在很大差异,因而其对会计信息稳健程度的需求也不尽相同。一般说来,公开债券持有人的监督能力和谈判能力较弱,并且由于"免费搭车"等问题的存在,公开债券持有人主动搜寻信息的激励也相对不足,他们获取债务人财务状况和经营状况等信息的渠道主要来自债务人公开披露的会计信息,因此在其他治理机制既定的条件下,其对稳健会计政策的需求也越强烈,以此来限制债务人机会主义行为。而相对于银行等金融机构而言,其对稳健会计的需求则要小于公开债券的持有人,因为银行可以通过私人信息获得债务人的会计信息(例如:向债务人派遣董事、要求债务人定期报告相关事项、指定专人负责收集债务人的信息等),从而阻止债务人可能的机会主义行为。由此得出本章另外两个假设。

H2a:在其他条件一定的情况下,债务融资主导型的公司存在会计稳健性,且会计信息比股权融资主导公司更稳健;

H2b:在其他条件一定的情况下,公开债券主导型公司会计稳健性高于银行贷款主导型公司。

二、研究设计

（一）样本选择与数据来源

根据本章研究的需要，利用万得资讯公开债券数据库中的数据，我们将 2007 ~ 2009 年发行公开债①的上市公司定义为公开债融资主导型上市公司，剔除金融企业，得到 54 家样本公司；利用国泰安研究服务中心中国上市公司银行贷款研究数据库中数据，将 2007 ~ 2009 年向银行贷款的公司定义为银行贷款融资主导型上市公司，剔除金融行业并将在此期间多次向银行贷款的公司进行合并，同时剔除被归入公开债融资主导型或股权融资主导型的上市公司，得到 598 家样本公司；利用国泰安研究服务中心中国上市公司增发配股研究数据库中数据，将 2007 ~ 2009 年通过增发或者配股融资的上市公司定义为股权融资主导型的上市公司，剔除金融行业并将在此期间多次配股或增发的公司进行合并，同时剔除被归入公开债融资主导型的上市公司，得到 314 家样本公司。样本分布如表 4-1 和表 4-2 所示。在全样本中，银行贷款融资主导型上市公司达到 598 家，占全部样本的 61.9%，说明银行贷款融资仍然是中国上市公司再融资的主要形式。同时，公开债融资主导型上市公司也达到了 54 家，占全部样本的 5.59%。

表 4-1　　　　　　　　分最终控制人样本分布　　　　　　单位：家,%

	公开债主导型		银行贷款主导型		股权融资主导型		全样本	
	公司数	比率	公司数	比率	公司数	比率	合计	比率
国有控股组	36	66.67	377	63.04	191	60.83	604	62.53
非国有控股组	18	33.33	221	36.96	123	39.17	362	37.47
合计	54	100	598	100	314	100	966	100

① 发行公开债券的上市公司中未包括发行企业债和可转换债权的上市公司，而主要是指发行公司债的公司。《公司法》对公司债券的定义是："指公司依照法定程序发行、约定在一定期限内还本付息的有价证券"。公司债券是公司外部融资的一种重要手段，是企业融资的重要来源，同时也是金融市场上的重要金融工具之一。由于企业债是由中央政府部门所属机构、国有独资企业或国有控股企业发行的债券，它对发债主体的限制比公司债窄，为了控制这种制度性因素的影响，我们只将样本期间发行公司债的公司定义为公开债融资主导型公司。

表4-2 分行业样本分布 单位：家,%

分类	公开债主导型		银行贷款主导型		股权融资主导型		全样本	
	公司数	比率	公司数	比率	公司数	比率	合计	比率
农、林、牧、渔业	0	0.00	13	2.17	10	3.18	23	2.38
采掘业	3	5.56	11	1.84	6	1.91	20	2.07
制造业	13	24.07	367	61.37	198	63.06	578	59.83
电力、煤气及水的生产和供应业	5	9.26	28	4.68	11	3.50	44	4.55
建筑业	3	5.56	14	2.34	9	2.87	26	2.69
交通运输、仓储业	5	9.26	17	2.84	15	4.78	37	3.83
信息技术业	0	0.00	33	5.52	14	4.46	47	4.87
批发和零售贸易	2	3.70	37	6.19	10	3.18	49	5.07
房地产业	20	37.04	21	3.51	19	6.05	60	6.21
社会服务业	1	1.85	19	3.18	7	2.23	27	2.80
传播与文化产业	0	0.00	2	0.33	1	0.32	3	0.31
综合类	2	3.70	36	6.02	14	4.46	52	5.38
合计	54	100	598	100	314	100	966	100

资料来源：诉讼取自聚源数据库（BIL），最终控制人性质取自色诺芬（CCER），公开债数据取自万得咨询数据库（Wind），其他数据均取自国泰安数据库（CSMAR）。使用的统计软件为SAS9.0。

从样本公司最终控制人的性质来看，公开债融资主导型样本组中国有控股公司有36家，占到了公开债融资主导型样本组的66.7%。而股权融资主导型样本公司中，国有控股的公司比率只有60.83%，是国有控股公司比率最低的组，说明中国上市公司中非国有企业更加偏好股权融资。

从分行业来看（见表4-2），全样本中制造业公司达到了578家，占全样本的59.83%。房地产业、综合类、批发和零售贸易也成为再融资的主要行业，分别占全样本的6.21%、5.38%和5.07%。从各组来看，公开债融资主导型样本组中房地产业为 20 家，占到了 37.04%；制造业为 13 家，占 24.07%；而农、林、牧、渔业，信息技术业和传播与文化产业公司则没有发行公开债进行再融资。银行贷款融资主导型样本组中，制造业为 367 家，达到了 61.37%，而传播与文化产业则只有 2 家公司，占 0.33%。股权融资主导型样本组中，制造业、房地产业、交通运输、仓储业成为股权融资的主要行业。

（二）会计稳健性的计算

会计稳健性我们采用两个指标进行衡量。一是卡恩和沃茨（2007）模型构建的会计稳健性指数（C_Score）；二是吉弗里和海因（Givoly & Hayn，2000）通过累计应计项测量稳健性。

1. 卡恩和沃茨（2007）会计稳健性指数

会计稳健性指数，我们采用卡恩和沃茨（2007）的模型计算。卡恩和沃茨（2007）认为，由于企业具有不同的特性，契约、诉讼、税收和监管对企业投资机会集（Investment Opportunity Set）的影响程度不一样，所以企业会计稳健性也存在差异。在 Basu 模型的基础上，卡恩和沃茨从一系列企业特性中选择公司规模（*Size*）、权益市值与账面价值比率（*MTB*）和负债率（*Lev*）作为估计稳健性指数的工具变量，设计出度量公司/年稳健性程度的指标——稳健性指数（C_Score）。稳健性计算方法如下。

首先，根据 Basu 模型：

$$\frac{X_{i,t}}{P_{i,t-1}} = \alpha_{0,t} + \beta_{1,t}DR_{i,t} + \beta_{2,i,t}R_{i,t} + \beta_{3,i,t}R_{i,t} \times DR_{i,t} + \xi_{i,t} \qquad (4.1)$$

其中 X_{it} 表示 i 公司 t 年度的每股收益（使用每股基本收益）；P_{it-1} 表示 i 公司 $t-1$ 年股票收盘价；R_{it} 表示 i 公司 t 年考虑现金红利再投资的个股年超额报酬率，DR_{it} 为虚拟变量，当 $R_{it} \leqslant 0$ 时，取值为 1，否则为 0；在模型（4.1）中，β_1 表示会计盈余对"好消息"确认的及时性，$\beta_1 + \beta_2$ 表示会计盈余对"坏消息"确认的及时性，β_2 表示会计盈余对"坏消息"比"好消息"确认及时性的增量，所以用 β_2 是否显著大于 0，来判断上市公司会计盈余是否稳健。

为了估计公司层面"好消息"和"坏消息"确认的及时性，卡恩和沃茨（2007）将公司每年好消息确认的及时性（*G_Score*）和坏消息确认的及时性增量（C_Score）用公司规模、市值与账面价值比率和负债率三个反映公司特性的工具变量的线性函数表示如下：

$$G\_Score = \beta_{2,i,t} = \mu_{1,t} + \mu_{2,t}Size_{i,t} + \mu_{3,t}M/B_{i,t} + \mu_{4,t}Lev_{i,t} \quad (4.2)$$

$$C\_Score = \beta_{3,i,t} = \lambda_{1,t} + \lambda_{2,t}Size_{i,t} + \lambda_{3,t}M/B_{i,t} + \lambda_{4,t}Lev_{i,t} \quad (4.3)$$

将式（4.2）和式（4.3）代入模型（4.1）：

$$\frac{X_{i,t}}{P_{i,t-1}} = \alpha_{0,t} + \beta_{1,t}DR_{i,t} + (\mu_{1,t} + \mu_{2,t}Size_{i,t} + \mu_{3,t}M/B_{i,t} + \mu_{4,t}Lev_{i,t})R_{i,t} +$$

$$(\lambda_{1,t} + \lambda_{2,t}Size_{i,t} + \lambda_{3,t}M/B_{i,t} + \lambda_{4,t}Lev_{i,t})R_{i,t} \times DR_{i,t} + \xi_{i,t} \quad (4.4)$$

运用模型（4.4），采用年度横截面数据进行回归，估计出每年的 $\lambda_{1,t}$，$\lambda_{2,t}$，$\lambda_{3,t}$，$\lambda_{4,t}$ 系数，再将其各年系数分别代入式（4.3）中，计算出公司每年稳健性指数（C_Score）。

2. 吉弗里和海因（2000）累计应计项

会计稳健性的计量模型在西方最常用的是 Basu 模型，该模型采用反回归方程构建盈余—股票报酬关系模型以度量稳健性。虽然在已有的会计稳健性研究文献中 Basu 模型得到了广泛应用，但 Basu 模型在设定和内生性方面也饱受争议（Beaver et al.，1997；Dietrich et al.，2007），特别是中国资本市场效率较低，直接采用 Basu 模型可能会有偏差。因此，本章同时采用更加稳妥的累计应计模型来测度会计稳健性。累计应计模型由吉弗里和海因提出，他们认为稳健性减少了各期累计报告盈余，建议用各期累计应计利润的符号和大小作为稳健性的测度。因为在无偏会计下，折旧和摊销之前的净收益累积额从长期来看应与经营活动的现金流量趋于一致。这是因为应计项目倾向于反转，使得最终的累计应计项目归于零，但如果公司刻意采取稳健性会计政策时，则会导致持续负的应计余额。因此，可以用累计应计项的符号和大小作为稳健性的测度，累计应计项为负，说明会计信息具有稳健性；负值越大，说明会计稳健性程度越高。艾哈迈德和贝尔曼（2007）、强（2009）、朱松和夏冬林（2009）等也使用该方法作为会计稳健性的测度。我们将 3 年累计应计项作为稳健性的表征变量。应计项计算如下：

$$ACC_{i,t} = \frac{EBDA_{i,t} - CFOA_{i,t}}{Size_{i,t-1}} \quad (4.5)$$

其中，$ACC_{i,t}$ 表示 i 公司 t 期应计项；$EBDA_{i,t}$ 表示 i 公司 t 期折旧摊

销前利润，即 $EBDA$ = 非常项目前利润 + 折旧和摊销费用；$CFOA_{i,t}$ 表示 i 公司 t 期经营活动现金流量；$Size_{i,t-1}$ 表示 i 公司 t 期初总资产。

累计应计项计算如下：

$$CACC_{i,t} = \sum_{n=0}^{2} ACC_{i,t-n} \tag{4.6}$$

其中，$CACC_{i,t}$ 表示 i 公司 t 期累计应计项，即：2003 年的累计应计项 = 2001 年应计项 + 2002 年应计项 + 2003 年应计项，其他年份依次类推。$CACC$ 包括流动资产和流动负债的变动、递延所得税、资产处置利得和损失、坏账准备以及其他应计或递延费用和收入，控股股东可以通过调节和控制这些项目的确认范围及时间以及计量金额来体现稳健性的会计信息特征。为了解释上的方便，本章将 $CACC_{i,t}$ 乘以 -1，用 $Conserv$ 表示稳健程度，$Conserv$ 数值大于 0，说明会计信息存在稳健性，$Conserv$ 数值越大，则表明稳健程度越高。本章对稳健性指标 1% 分位数以下和 99% 分位数以上的极端值进行了 Winsorize 处理，以剔除异常值的影响。

（三）盈余管理测度

应计利润分离法是国内外最常用的盈余管理计量方法，即用回归模型将利润分离为非操纵性应计利润和操纵性应计利润，并用操纵性应计利润来衡量盈余管理的大小及程度。我们采用修正的 Jones 模型来计量应计利润（Dechow，1995；Yung，1999）。修正的 Jones 模型如下：

$$\frac{TA_{it}}{A_{it-1}} = \frac{\alpha_{1i}}{A_{it-1}} + \frac{\alpha_{2i}\Delta REV_{it}}{A_{it-1}} + \frac{\alpha_{3i}PPE_{it}}{A_{it-1}} + \xi_{it} \tag{4.7}$$

$$NDA_{it} = \frac{\alpha_{1i}}{A_{it-1}} + \frac{\alpha_{2i}(\Delta REV_{it} - \Delta REC_{it})}{A_{it-1}} + \frac{\alpha_{3i}PPE_{it}}{A_{it-1}} \tag{4.8}$$

$$DA_{it} = \frac{TA_{it}}{A_{it-1}} - NDA_{it} \tag{4.9}$$

TA_{it} 表示净利润与经营现金净流量差额；NDA_{it} 为非操纵性应计利润；DA_{it} 为操纵性应计利润，用来衡量盈余管理的程度；A_{it-1} 为期初总资产；ΔREV_{it} 为主营业务收入净额的变化额；ΔREC_{it} 为应收账款净额的变化额；PPE_{it} 为固定资产净值。在具体计算过程中，我们将样本数据分行业分年度代入式（4.7）进行回归，得到分行业、分年度的回归系数（如表4-3所示），再将上述系数分行业分年度代入式（4.8）中，计算出各年度各公司非操纵性应计 NDA_{it}，NDA_{it} 代入式（4.9）中计算出操纵性应计 DA_{it}。DA_{it} 大于 0，表示向上操纵盈余；DA_{it} 小于 0，表示向下操纵盈余，我们用 DA_{it} 的绝对值（用 ADA 表示 DA_{it} 的绝对值）来表示盈余管理的程度。

表4-3 分行业分年度盈余管理系数

行业代码	年度	α_{1i}	α_{2i}	α_{3i}	行业代码	年度	α_{1i}	α_{2i}	α_{3i}
A	2007	110 472 961. 19	0. 25	− 0. 30	C5	2007	19 873 049. 36	0. 21	− 0. 12
A	2008	− 16 757 284. 20	0. 07	0. 00	C5	2008	37 455 892. 33	0. 18	− 0. 21
A	2009	− 33 016 568. 55	− 0. 19	− 0. 01	C5	2009	23 595 325. 18	0. 15	− 0. 18
B	2007	22 002 293. 56	− 0. 01	− 0. 10	C6	2007	12 384 021. 83	0. 13	− 0. 08
B	2008	59 052 347. 25	− 0. 02	− 0. 13	C6	2008	− 14261347. 62	0. 04	− 0. 12
B	2009	3 475 942. 82	0. 02	− 0. 20	C6	2009	− 59 371 426. 30	0. 04	− 0. 02
C0	2007	42 409 384. 71	0. 05	− 0. 18	C7	2007	25 409 939. 84	0. 08	− 0. 05
C0	2008	39 160 643. 10	− 0. 02	− 0. 14	C7	2008	7 289 760. 11	− 0. 04	− 0. 03
C0	2009	− 12 511 546. 62	0. 08	− 0. 10	C7	2009	− 13 305 453. 30	− 0. 11	− 0. 05
C1	2007	52 182 059. 53	0. 29	− 0. 19	C8	2007	9 851 901. 20	0. 03	− 0. 08
C1	2008	− 6 133 217. 26	0. 02	− 0. 14	C8	2008	− 22 131 880. 78	0. 02	− 0. 08
C1	2009	6 083 687. 34	0. 06	− 0. 11	C8	2009	4 472 158. 04	− 0. 04	− 0. 13
C2	2007	46 514 075. 41	0. 12	− 0. 43	C9	2007	− 17 937 685. 74	0. 08	0. 01
C2	2008	− 179 013 030. 09	− 1. 53	0. 10	C9	2008	− 85 703 240. 50	− 0. 09	0. 26
C2	2009	34 671 676. 50	1. 30	− 0. 21	C9	2009	9 009 995. 46	0. 21	− 0. 23
C3	2007	− 29 654 805. 88	− 0. 08	0. 03	D	2007	40 044 802. 13	0. 08	− 0. 12
C3	2008	9 672 477. 91	0. 06	− 0. 14	D	2008	− 38 567 931. 27	0. 23	− 0. 09
C3	2009	8 159 977. 16	0. 16	− 0. 09	D	2009	− 40 747 436. 92	− 0. 15	− 0. 07
C4	2007	919 701. 95	0. 18	− 0. 10	E	2007	24 437 296. 31	− 0. 06	− 0. 01
C4	2008	2 917 219. 97	0. 10	− 0. 17	E	2008	− 15 497 663. 92	− 0. 08	− 0. 01
C4	2009	− 844 808. 83	0. 14	− 0. 07	E	2009	− 2 236 2581. 81	− 0. 06	− 0. 15

续表

行业代码	年度	α_{1i}	α_{2i}	α_{3i}	行业代码	年度	α_{1i}	α_{2i}	α_{3i}
F	2007	20 402 529. 60	0. 11	− 0. 07	J	2009	10 113 646. 62	0. 27	− 0. 21
F	2008	100 583 873. 37	0. 00	− 0. 12	K	2007	37 280 559. 75	− 0. 33	− 0. 01
F	2009	− 4 828 969. 49	0. 03	− 0. 06	K	2008	3 702 743. 39	0. 04	− 0. 09
G	2007	10 551 142. 05	0. 01	− 0. 08	K	2009	− 12 545 425. 30	0. 24	− 0. 14
G	2008	40 632 339. 18	2. 31	− 1. 30	L	2007	− 20 775 120. 47	− 0. 10	− 0. 07
G	2009	4 292 759. 01	0. 00	− 0. 12	L	2008	21 418 795. 80	0. 00	− 0. 22
H	2007	− 2 314 850. 89	0. 02	− 0. 14	L	2009	− 1 802 216. 81	0. 47	− 0. 26
H	2008	− 7 777 091. 96	− 0. 14	− 0. 15	M	2007	44 933 683. 23	0. 03	− 0. 29
H	2009	19 960 395. 29	− 0. 01	− 0. 17	M	2008	2 318 018. 68	0. 03	− 0. 12
J	2007	70 396 572. 64	0. 03	− 0. 23	M	2009	− 57 737 350. 64	− 0. 04	− 0. 19
J	2008	30 030 247. 68	− 0. 08	− 0. 15					

注：A 表示农、林、牧、渔业；B 表示采掘业；C0 表示食品、饮料；C1 表示纺织、服装、皮毛；C2 表示木材、家具；C3 表示造纸、印刷；C4 表示石油、化学、塑胶、塑料；C5 表示电子；C6 表示金属、非金属；C7 表示机械、设备、仪表；C8 表示医药、生物制品；C9 表示其他制造业；D 表示电力、煤气及水的生产和供应业；E 表示建筑业；F 表示交通运输、仓储业；G 表示信息技术业；H 表示批发和零售贸易；J 表示房地产业；K 表示社会服务业；L 表示传播与文化产业；M 表示综合类。

（四） 研究模型

沃茨（2003a，b）认为，影响会计稳健性的主要因素包括契约、监管、诉讼和税收。结合中国的制度环境，李远鹏和李若山（2005）认为盈余管理也是中国上市公司会计稳健性的动因之一，朱茶芬和李志文（2008）实证考察了国家控股对会计稳健性的影响以及它的制度根源。因此，我们在充分考虑上述因素后构建如下回归模型来研究不同融资形式对会计稳健性的影响。

$$Conserv_{i,t} = \beta_0 + \beta_1 Finance_{i,t} + \beta_2 Lev_{i,t} + \beta_3 Regulation_{i,t} + \beta_4 Tax_{i,t} +$$
$$\beta_5 Litigation_{i,t} + \beta_6 Size_{i,t} + \beta_7 State_{i,t} + \beta_8 ROA_{i,t} +$$
$$\sum \beta_t Year + \sum \beta_i Ind + \xi_{i,t} \tag{4.10}$$

其中，Conserv 表示会计稳健程度，分别用 C_Score 和 ACC 表示。Finance 表示融资方式，该变量为虚拟变量，取值根据具体研究设定（下面会具体说明）。*Lev* 表示资产负债率，表示公司的债务契约。*Regulation* 虚拟变量，表示监管，当行业受到管制时，高估资产和收益比低估资产和收益产生的成本更大，因而会更倾向于稳健的会计政策（Watts，2003a）。根据崔学刚（2005）的研究，当公司所属行业为采掘、水电煤气和运输仓储业时，*Regulation* 取 1，否则取 0。*Tax* 表示所得税，强（2007）则认为，账面利润和应税所得额之间的联系可作为所得税成本的替代指标，我们用所得税费用/利润总额的比率作为所得税成本。*Litigation* 表示诉讼，以公司当年遭受的诉讼次数进行测度。*Size* 表示企业规模，用期末资产的自然对数表示。*State* 虚拟变量，当最终控制人为国有控股时，取 1，否则取 0。*ROA* 表示总资产报酬率。*Year* 和 *Ind* 分别表示年度和行业固定效应。

表 4 – 4　　　　　　　　　　　　各变量定义

变量名	取　　值
Conserv	会计稳健性，分别用 *C_Score* 和 *ACC* 表示
Finance	虚拟变量，表示融资方式
Regulation	虚拟变量，行业为采掘、水电煤气和运输仓储业时，取 1，否则取 0
Tax	所得税费用/利润总额的比率
Litigation	公司当年遭受的诉讼次数
Size	上市公司总资产的自然对数
State	虚拟变量，当最终控制人为国有控股时，取 1，否则取 0
ROA	总资产报酬率
Year	年度固定效应
Ind	行业固定效应，按照证监会行业分类标准，剔除金融行业，样本公司分成 12 行业，取 11 分行业虚拟变量

（五）总体描述性统计

从会计稳健性总体描述性统计来看（表 4 – 5 中的 *C_Score* 和 *ACC*），不管是 *C_Score* 稳健性指数还是 *ACC* 稳健性指数，银行贷款融资主导型样本公司组会计稳健性的均值和中位数都要明显高于股权融资主导型样本公司组和公开债融资主导型样本公司组。同时，公开债融资主导型样本公司组的会计稳健性最差，甚至 *ACC* 计量的会计稳健性均值和中位数都为负数，说明发行公开债的公司会计信息不稳健。

表 4 - 5　　　　　　　　　　各组描述性统计

		公司年	均值	标准差	最小值	四分位数下限	中位数	四分位数上限	最大值
C_Score	公开债主导型	159	0.09	0.20	-0.12	-0.03	-0.01	0.21	0.71
	银行贷款主导型	1 763	0.18	0.33	-0.12	-0.01	0.01	0.33	1.82
	股权融资主导型	925	0.15	0.28	-0.12	-0.01	0.00	0.27	1.82
	全样本	2 847	0.17	0.31	-0.12	-0.01	0.01	0.30	1.82
ACC	公开债主导型	159	-0.04	0.23	-0.65	-0.20	-0.03	0.12	0.50
	银行贷款主导型	1 763	0.08	0.20	-0.65	-0.03	0.07	0.18	1.09
	股权融资主导型	925	0.03	0.20	-0.65	-0.07	0.04	0.15	1.09
	全样本	2 847	0.06	0.20	-0.65	-0.05	0.06	0.17	1.09
ADA	公开债主导型	159	0.11	0.11	0.00	0.03	0.07	0.12	0.49
	银行贷款主导型	1 763	0.08	0.09	0.00	0.02	0.05	0.10	0.49
	股权融资主导型	925	0.09	0.09	0.00	0.02	0.06	0.11	0.49
	全样本	2 847	0.08	0.09	0.00	0.02	0.05	0.11	0.49
$Regulation$	公开债主导型	159	0.25	0.43	0.00	0.00	0.00	0.00	1.00
	银行贷款主导型	1 763	0.10	0.30	0.30	0.00	0.00	0.00	1.00
	股权融资主导型	925	0.10	0.31	0.00	0.00	0.00	0.00	1.00
	全样本	2 847	0.11	0.31	0.00	0.00	0.00	0.00	1.00
Tax	公开债主导型	159	0.22	0.25	-2.45	0.16	0.24	0.29	0.88
	银行贷款主导型	1 763	0.18	0.58	-6.40	0.07	0.16	0.26	12.51
	股权融资主导型	925	0.19	0.73	-4.90	0.10	0.17	0.25	18.44
	全样本	2 847	0.19	0.62	-6.40	0.09	0.17	0.26	18.44
$Litigation$	公开债主导型	159	0.04	0.21	0.00	0.00	0.00	0.00	1.00
	银行贷款主导型	1 763	0.26	0.91	0.00	0.00	0.00	0.00	21.00
	股权融资主导型	925	0.15	0.74	0.00	0.00	0.00	0.00	15.00
	全样本	2 847	0.21	0.84	0.00	0.00	0.00	0.00	21.00
$Size$	公开债主导型	159	23.09	1.04	21.10	22.47	22.90	23.58	25.99
	银行贷款主导型	1 763	21.53	1.16	14.11	20.76	21.39	22.10	27.56
	股权融资主导型	925	21.94	1.35	10.84	21.23	21.83	22.62	27.99
	全样本	2 847	21.75	1.28	10.84	20.93	21.64	22.44	27.99

		公司年	均值	标准差	最小值	四分位数下限	中位数	四分位数上限	最大值
State	公开债主导型	159	0.66	0.47	0.00	0.00	1.00	1.00	1.00
	银行贷款主导型	1 763	0.64	0.48	0.00	0.00	1.00	1.00	1.00
	股权融资主导型	925	0.61	0.49	0.00	0.00	1.00	1.00	1.00
	全样本	2 847	0.63	0.48	0.00	0.00	1.00	1.00	1.00
ROA	公开债主导型	159	0.09	0.05	−0.01	0.06	0.08	0.11	0.32
	银行贷款主导型	1 763	0.06	0.11	−0.98	0.03	0.06	0.09	2.47
	股权融资主导型	925	0.02	2.13	−64.82	0.04	0.07	0.11	5.44
	全样本	2 847	0.05	1.22	−64.82	0.03	0.06	0.10	5.44

从盈余管理程度总体描述来看（表4－5中的 ADA），银行贷款融资主导型上市公司的盈余管理程度最小，均值为0.08，而发行公开债公司的盈余管理的程度则达到了0.11，说明发行公开债的上市公司具有明显的调节盈余的迹象。股权融资主导型上市公司的盈余管理程度则介于银行贷款融资主导型和公开债融资主导型上市公司之间。总体来看，各种融资方式之间会计稳健性的趋势与盈余管理的趋势一致。

三、实证结果与分析

（一）相关性分析

本章分三组检验了各拟回归模型主要变量的相关性。表4－6报告了银行贷款融资主导型样本组和股权融资主导型样本组相关性检验，当样本公司属于银行贷款融资主导型时，*Finance* 取1，否则取0。结果表明 *Finance* 与 *C_Score* 的 *Pearson* 相关系数和 *Spearman* 相关系数分别达到了0.05和0.08，且分别在5%和1%的显著性水平下通过了显著性检验。*Finance* 与 *ACC* 的 *Pearson* 相关系数和 *Spearman* 相关系数更是高达0.11和0.10，且都在1%的显著性水平下通过了显著性检验，说明银行贷款融资主导型样本组的会计稳健性显著地高于股权融资主导型的样本公司。

表4－7报告了股权融资主导型样本组与公开债融资主导型样本组

表4-6 银行贷款融资主导型与股权融资主导型样本组相关性检验

	C_Score	ACC	Finance	Regulation	Tax	Litigation	Size	State	ROA
C_Score	1.00	0.06*** (0.0039)	0.05** (0.0108)	-0.04** (0.0391)	-0.05** (0.0113)	0.02 (0.3562)	-0.16*** (<0.0001)	-0.02 (0.2699)	-0.07*** (0.0004)
ACC	0.02 (0.3208)	1.00	0.11*** (<0.0001)	0.10*** (<0.0001)	0.01 (0.7366)	0.14*** (<0.0001)	0.02 (0.2129)	0.14*** (<0.0001)	0.04** (0.0193)
Finance	0.08*** (<0.0001)	0.10*** (<0.0001)	1.00	-0.01 (0.7126)	-0.01 (0.7302)	0.06*** (0.0013)	-0.16*** (<0.0001)	0.03 (0.1790)	0.01 (0.5026)
Regulation	-0.10*** (<0.0001)	0.15*** (<0.0001)	-0.01 (0.7126)	1.00	0.05*** (0.0042)	-0.04** (0.0215)	0.22*** (<0.0001)	0.20*** (<0.0001)	0.01 (0.7204)
Tax	-0.10*** (<0.0001)	-0.02 (0.3374)	-0.01 (0.6279)	0.05*** (0.0072)	1.00	-0.03* (0.0845)	0.04* (0.0644)	0.03 (0.1041)	0.01 (0.7469)
Litigation	0.05*** (0.0070)	0.11*** (<0.0001)	0.09*** (<0.0001)	-0.05** (0.0112)	-0.08*** (<0.0001)	1.00	-0.13*** (<0.0001)	-0.03 (0.1137)	-0.04** (0.0467)
Size	-0.38*** (<0.0001)	0.06*** (0.0015)	-0.20*** (<0.0001)	0.21*** (<0.0001)	0.13*** (<0.0001)	-0.15*** (<0.0001)	1.00	0.29*** (<0.0001)	0.14*** (<0.0001)
State	-0.10*** (<0.0001)	0.17*** (<0.0001)	0.03 (0.179)	0.20*** (<0.0001)	0.02 (0.3078)	-0.02 (0.2057)	0.31*** (<0.0001)	1.00	0.01 (0.5195)
ROA	-0.09*** (<0.0001)	-0.19*** (<0.0001)	-0.14*** (<0.0001)	0.02 (0.4087)	0.13*** (<0.0001)	-0.06*** (0.0034)	0.02 (0.3163)	-0.14*** (<0.0001)	1.00

注：***、**、* 分别表示1%、5%、10%的显著性水平，括号内为P值，右上角为Pearson相关系数，左下角为Spearman相关系数。该检验样本组为银行贷款融资主导型和股权融资主导型样本组两组，当样本公司属于银行贷款融资主导型时，Finance取1，否则取0。

表4－7

股权融资主导型与公开债融资主导型样本组相关性检验

	C_Score	ACC	Finance	Regulation	Tax	Litigation	Size	State	ROA
C_Score	1.00	-0.06* (0.0548)	0.07** (0.0158)	-0.04 (0.1962)	-0.09*** (0.0046)	-0.02 (0.4653)	-0.19*** (<0.0001)	0.00 (0.9870)	-0.11*** (0.0003)
ACC	-0.01 (0.7223)	1.00	0.12*** (<0.0001)	0.20*** (<0.0001)	0.01 (0.9092)	0.10*** (0.0007)	0.08*** (0.0057)	0.16*** (<0.0001)	0.09*** (0.0042)
Finance	0.14*** (<0.0001)	0.11*** (0.0003)	1.00	-0.15*** (<0.0001)	-0.02 (0.6144)	0.05* (0.0854)	-0.30*** (<0.0001)	-0.04 (0.2013)	-0.01 (0.704)
Regulation	-0.15*** (<0.0001)	0.25*** (<0.0001)	-0.15*** (<0.0001)	1.00	0.04 (0.1416)	-0.04 (0.1879)	0.30*** (<0.0001)	0.25*** (<0.0001)	0.01 (0.7526)
Tax	-0.15*** (<0.0001)	0.01 (0.9571)	-0.19*** (<0.0001)	0.11*** (0.0004)	1.00	-0.05 (0.1029)	0.03 (0.5679)	0.02 (0.567)	0.01 (0.8247)
Litigation	0.01 (0.9750)	-0.01 (0.9997)	0.05* (0.0874)	-0.04 (0.2223)	-0.02 (0.5679)	1.00	-0.13*** (<0.0001)	0.01 (0.7026)	-0.07** (0.025)
Size	-0.41*** (<0.0001)	0.07** (0.0143)	-0.34*** (<0.0001)	0.32*** (<0.0001)	0.17*** (<0.0001)	-0.11*** (0.0002)	1.00	0.28*** (<0.0001)	0.20*** (<0.0001)
State	-0.09*** (0.0034)	0.18*** (<0.0001)	-0.04 (0.2013)	0.25*** (<0.0001)	-0.01 (0.9553)	-0.02 (0.5185)	0.30*** (<0.0001)	1.00	0.02 (0.4182)
ROA	-0.02 (0.4644)	-0.06** (0.0466)	-0.08*** (0.0089)	0.01 (0.7289)	0.04 (0.2448)	0.03 (0.4023)	-0.14*** (<0.0001)	-0.25*** (<0.0001)	1.00

注：***、**、*分别表示1%、5%、10%的显著性水平，括号内为P值，右上角为Pearson相关系数，左下角为Spearman相关系数。该检验样本组为股权融资主导型和公开债融资主导型样本两组，当样本公司属于股权融资主导型时，Finance取1，否则取0。

的相关性检验，当样本公司属于股权融资主导型时，*Finance* 取 1，否则取 0。结果表明除了 *Finance* 与 *C_Score* 的 *Pearson* 相关系数在 5% 的水平下显著正相关，*Finance* 与 *C_Score* 和 *ACC* 的 *Pearson* 相关系数和 *Spearman* 相关系数都在 1% 的水平下显著正相关。特别是 *Finance* 与 *C_Score* 的 *Spearman* 相关系数达到了 0.14，说明股权融资主导型样本组的会计稳健性显著地高于公开债融资主导型的样本公司。

表 4 - 8 报告了银行贷款融资主导型样本组和公开债融资主导型样本组的相关性检验，当样本公司属于银行贷款融资主导型时，*Finance* 取 1，否则取 0。结果显示 *Finance* 与 *C_Score* 的 *Pearson* 相关系数和 *Spearman* 相关系数分别达到了 0.08 和 0.15，且都在 1% 的水平下显著。*Finance* 与 *ACC* 的 *Pearson* 相关系数和 *Spearman* 相关系数也分别达到了 0.10 和 0.14，也都在 1% 的水平下显著，说明银行贷款融资主导型上市公司的会计稳健性显著地高于公开债融资主导型的样本公司。

（二）配对检验

为了更加精确地检验会计稳健性在各种融资方式选择方面的区别，我们分别对上述三个样本组进行配对检验。表 4 - 9 报告了银行贷款融资主导型样本公司与股权融资主导型样本公司会计稳健性的配对检验。检验结果表明无论是 *C_Score* 会计稳健性指数还是 *ACC* 稳健性指数的均值和中位数在两组之间都存在显著的差别。不管是均值的差额还是中位数的差额都为正，而且都在 1% 的显著性水平下显著。以 *C_Score* 计量的稳健性指标的均值差额比为 16.67%（0.03/0.18 = 16.67%），以 *ACC* 计量的稳健性指标的均值差额比更是高达 62.5%（0.05/0.08 = 62.5%），中位数的差额比也达到了 42.86%（0.03/0.07 = 42.86%）。说明银行贷款融资主导型的上市公司的会计稳健性明显高于股权融资主导型的上市公司。

从盈余管理程度来看（表 4 - 9 中的 *ADA*），基于均值的 *T* 检验显示，银行贷款融资主导型上市公司盈余管理程度在 10% 的显著性水平下小于股权融资主导型的上市公司组。虽然基于中位数的双侧威尔科克森（Wilcoxon）秩和检验没有通过显著性检验，但两组中位数差额的方向与均值检验一致，都小于 0。总体上，银行贷款融资主导型的上市公司和股权融资主导型的上市公司会计稳健性程度与盈余管理负相关，即：会计稳健性程度高的样本组，其盈余管理的程度越小。

表 4-8 银行贷款融资主导型与公开债融资主导型样本组相关性检验

	C_Score	ACC	Finance	Regulation	Tax	Litigation	Size	State	ROA
C_Score	1.00	0.10*** (<0.0001)	0.08*** (0.0009)	-0.07*** (0.0021)	-0.04 (0.1130)	0.03 (0.1687)	-0.15*** (<0.0001)	-0.03 (0.1675)	-0.18*** (<0.0001)
ACC	0.04 (0.1131)	1.00	0.16*** (<0.0001)	0.08*** (0.0006)	-0.01 (0.8648)	0.15*** (<0.0001)	-0.09*** (0.0001)	0.11*** (<0.0001)	-0.25*** (<0.0001)
Finance	0.15*** (<0.0001)	0.14*** (<0.0001)	1.00	-0.13*** (<0.0001)	-0.02 (0.4084)	0.07*** (0.0034)	-0.35*** (<0.0001)	-0.02 (0.4971)	-0.08*** (0.0004)
Regulation	-0.12*** (<0.0001)	0.12*** (<0.0001)	-0.13*** (<0.0001)	1.00	0.06* (0.010)	-0.05** (0.0284)	0.23*** (<0.0001)	0.20*** (<0.0001)	0.05** (0.0186)
Tax	-0.10*** (<0.0001)	-0.05** (0.0464)	-0.13*** (<0.0001)	0.04* (0.0770)	1.00	-0.04* (0.0639)	0.04 (0.1101)	0.03 (0.1269)	0.04* (0.0955)
Litigation	0.06*** (0.0068)	0.14*** (<0.0001)	0.08*** (0.0003)	-0.06** (0.0135)	-0.09*** (<0.0001)	1.00	-0.14*** (<0.0001)	-0.06** (0.0154)	-0.09*** (<0.0001)
Size	-0.38*** (<0.0001)	0.02 (0.4927)	-0.35*** (<0.0001)	0.21*** (<0.0001)	0.15*** (<0.0001)	-0.16*** (<0.0001)	1.00	0.33*** (<0.0001)	0.07*** (0.0042)
State	-0.11*** (<0.0001)	0.16*** (<0.0001)	-0.02 (0.4971)	0.20*** (<0.0001)	0.03 (0.1741)	-0.04* (0.0825)	0.34*** (<0.0001)	1.00	-0.06*** (0.0074)
ROA	-0.12*** (<0.0001)	-0.23*** (<0.0001)	-0.15*** (<0.0001)	0.07*** (0.0042)	0.16*** (<0.0001)	-0.09*** (0.0001)	0.11*** (<0.0001)	-0.08*** (0.0009)	1.00

注：***、**、*分别表示1%、5%、10%的显著性水平，当样本为银行贷款融资主导型和公开债融资主导型样本两组，右上角为 Pearson 相关系数，左下角为 Spearman 相关系数。括号内为 P 值，该检验样本组为银行贷款融资主导型和公开债融资主导型样本两组，当样本公司属于银行贷款融资主导型时，Finance 取 1，否则取 0。

表4-9　　　　　　银行贷款融资主导型与股权融资主导型配对检验

		银行贷款主导型	股权融资主导型	差额	p 值
C_Score	均值	0.18	0.15	0.03 ***	0.0091
	中位数	0.01	0.00	0.01 ***	<0.0001
ACC	均值	0.08	0.03	0.05 ***	<0.0001
	中位数	0.07	0.04	0.03 ***	<0.0001
DA	均值	0.08	0.09	−0.01 *	0.0777
	中位数	0.05	0.06	−0.01	0.1492

注：***、**、* 分别表示在1%、5%和10%的水平上显著；均值比较使用双侧 t 检验；中位数比较采用双侧威尔科克森（Wilcoxon）秩和检验。

表4-10报告了股权融资主导型样本公司与公开债融资主导型样本公司会计稳健性的配对检验。检验结果表明，无论是 C_Score 会计稳健性指数还是 ACC 稳健性指数的均值和中位数在两组之间都存在显著的差别。不管是均值的差额还是中位数的差额都为正，除了两组 C_Score 稳健性指数均值的差额在5%的显著性水平下显著，其他差额均在1%的显著性水平下显著。值得注意的是，股权融资主导型上市公司 C_Score 稳健性指标和 ACC 稳健性指标均值和中位数都显著大于0，而公开债融资主导型上市公司除了 C_Score 稳健性指标的均值大于0，其他指标均小于0，说明从整体来看，公开债融资主导型上市公司的稳健性很低，甚至不稳健。综上所述，股权融资主导型上市公司的会计稳健性要明显高于公开债融资主导型的上市公司。

表4-10　　　　　　股权融资主导型与公开债融资主导型配对检验

		股权融资主导型	公开债主导型	差额	p 值
C_Score	均值	0.15	0.09	0.06 **	0.0174
	中位数	0.00	−0.01	0.01 ***	<0.0001
ACC	均值	0.03	−0.04	0.07 ***	<0.0001
	中位数	0.04	−0.03	0.07 ***	<0.0001
ADA	均值	0.09	0.11	−0.02 **	0.0129
	中位数	0.06	0.07	−0.01 ***	0.0039

注：***、** 表示在1%、5%的水平上显著；均值比较使用双侧 t 检验；中位数比较采用双侧威尔科克森（Wilcoxon）秩和检验。

从两组盈余管理程度来看（表4－10中的 *ADA*），股权融资主导型上市公司组的盈余管理程度要明显小于公开债融资主导型上市公司组，两者均值的差额比达到了 22.2%（0.02/0.09 ＝ 22.2%），中位数的差额比更是达到了 16.67%（0.01/0.06 ＝ 16.67%），且分别在 5% 和 1% 的水平下显著。从两组的整体情况来看，会计稳健性程度与盈余管理也显现出显著的负相关关系。

表4－11 报告了银行贷款融资主导型样本公司与公开债融资主导型样本公司会计稳健性的配对检验。两组样本公司组都是负债融资方式，只不过一种是直接负债融资，一种是间接负债融资。检验结果表明无论是 *C_Score* 会计稳健性指数还是 *ACC* 稳健性指数的均值和中位数在两组之间都存在显著的差别。不管是均值的差额还是中位数的差额都为正，而且都在 1% 的显著性水平下显著，说明银行贷款融资主导型的上市公司的会计稳健性明显高于公开债融资主导型的上市公司。

表4－11　　银行贷款融资主导型与公开债融资主导型配对检验

		银行贷款主导型	公开债主导型	差额	*p* 值
C_Score	均值	0.18	0.09	0.09 ***	0.001
	中位数	0.01	－ 0.01	0.02 ***	< 0.0001
ACC	均值	0.08	－ 0.04	0.12 ***	< 0.0001
	中位数	0.07	－ 0.03	0.10 ***	< 0.0001
ADA	均值	0.08	0.11	－ 0.03 ***	0.0003
	中位数	0.05	0.07	－ 0.02 ***	0.0001

注：*** 表示在 1% 的水平上显著；均值比较使用双侧 *t* 检验；中位数比较采用双侧威尔科克森（Wilcoxon）秩和检验。

从两组盈余管理程度来看，银行贷款融资主导型上市公司盈余管理程度要远远低于公开债主导型上市公司，均值和中位数的差额分别达到了 － 0.03 和 － 0.02，且两种检验下都达到了 1% 的显著性水平。会计稳健性与盈余管理程度仍然高度负相关。

（三）回归分析

通过相关性分析和配对检验，我们发现，银行贷款融资主导型、股权融资主导型和公开债融资主导型之间会计稳健性及盈余管理存在显著的差异，同时在组与组间，会计稳健性与盈余管理程度表现出高度的负相关关系。接下来我们通过模型（4.10）用回归的方法来检验会计稳健性在银行贷款融资主导型、股权融资主导型和公开债融资主导型样本组的区别。

表4－12报告了银行贷款融资主导型样本组和股权融资主导型样本组的回归结果，当样本公司属于银行贷款融资主导型时，*Finance* 取1，否则取0。以 *C_Score* 作为会计稳健性度量指标的回归结果表明，*Finance* 的系数为0.016，符号为正，且在5%的水平下显著，说明银行贷款融资主导型样本组的会计稳健性显著高于股权融资主导型的样本公司。该回归模型的调整后的 R^2 高达0.6414，说明模型拟合程度很高，模型的 *F* 值为253.90，在1%的显著水平下显著，说明模型系数的可靠性很高。以 *ACC* 作为会计稳健性度量指标的回归结果与 *C_Score* 回归模型相似，*Finance* 的系数也为正的0.038，且在1%的显著性水平上显著。总体来看，银行贷款融资主导型样本组的会计稳健性显著高于股权融资主导型的样本公司。

表4－12　　　银行贷款融资主导型与股权融资主导型
会计稳健性回归分析

$$Conserv_{i,t} = \beta_0 + \beta_1 Finance_{i,t} + \beta_2 Lev_{i,t} + \beta_3 Regulation_{i,t} + \beta_4 Tax_{i,t} + \beta_5 Litigation_{i,t} + \beta_6 Size_{i,t}$$
$$+ \beta_7 State_{i,t} + \beta_8 ROA_{i,t} + \sum \beta_t Year + \sum \beta_i Ind + \xi_{i,t}$$

	C_Score	*ACC*
常数项	0.739 ***	− 0.077
	(9.79)	(− 1.01)
Finance	0.016 **	0.038 ***
	(2.13)	(4.92)
Regulation	− 0.017	0.050 **
	(− 0.70)	(2.03)
Tax	0.002	0.003
	(0.29)	(0.53)
Litigation	0.012 ***	0.034 ***
	(2.75)	(7.94)
Size	− 0.036 ***	0.002
	(− 10.55)	(0.57)
State	0.014 *	0.051 ***
	(1.71)	(6.35)

续表

	C_Score	ACC
ROA	−0. 014 *** (−4. 71)	0. 007 ** (2. 36)
年度	控制	控制
行业	控制	控制
Adj R-Sq	0. 6414	0. 1027
F 值	253. 90 ***	17. 17 ***

注: ***、**、*分别表示1%、5%、10%的显著性水平, 括号内为 t 值。该检验回归样本组为银行贷款融资主导型和股权融资主导型样本组两组, 当样本公司属于银行贷款融资主导型时, Finance 取1, 否则取0。

表4-13报告了股权融资主导型样本组与公开债融资主导型样本组的回归结果, 当样本公司属于股权融资主导型时, Finance 取1, 否则取0。回归结果表明, 不管是 C_Score 还是 ACC 度量的会计稳健性, Finance 的系数都显著大于0, 分别为0.030和0.034, 模型的拟合优度和解释能力也都比较好。回归分析说明, 在控制其他影响股权融资主导型和公开债融资主导型样本公司会计稳健性因素后, 两组的会计稳健性存在显著差异, 股权融资主导型样本组的会计稳健性要大于公开债融资主导型的样本公司。

表4-13　　　　股权融资主导型与公开债融资主导型会计稳健性回归分析

$$Conserv_{i,t} = \beta_0 + \beta_1 Finance_{i,t} + \beta_2 Lev_{i,t} + \beta_3 Regulation_{i,t} + \beta_4 Tax_{i,t} + \beta_5 Litigation_{i,t} + \beta_6 Size_{i,t} + \beta_7 State_{i,t} + \beta_8 ROA_{i,t} + \sum \beta_t Year + \sum \beta_i Ind + \xi_{i,t}$$

	C_Score	ACC
常数项	0. 787 *** (7. 36)	−0. 454 *** (−3. 64)
Finance	0. 030 * (1. 89)	0. 034 * (1. 87)
Regulation	0. 003 (0. 09)	0. 117 *** (3. 28)

续表

	C_Score	ACC
Tax	−0.009 (−1.32)	0.002 (0.29)
Litigation	−0.005 (−0.67)	0.039 *** (4.59)
Size	−0.038 *** (−8.40)	0.015 *** (2.78)
State	0.027 ** (2.51)	0.041 *** (3.28)
ROA	−0.011 *** (−4.50)	0.007 ** (2.38)
年度	控制	控制
行业	控制	控制
Adj R-Sq	0.6493	0.1944
F 值	106.43 ***	14.75 ***

注：***、**、* 分别表示1%、5%、10%的显著性水平，括号内为 t 值。该回归样本组为股权融资主导型和公开债融资主导型样本两组，当样本公司属于股权融资主导型时，Finance 取1，否则取0。

表4-14 报告了银行贷款融资主导型样本组和公开债融资主导型样本组的回归结果，当样本公司属于银行贷款融资主导型时，Finance 取1，否则取0。回归结果显示在 C_Score 为因变量的回归模型中，Finance 的系数为0.027，但是未通过显著性检验，而 ACC 为因变量的回归模型中，该系数为0.031，且在10%的水平上通过了显著性检验。总体上看来，银行贷款融资主导型上市公司的会计稳健性要高于公开债融资主导型的样本公司。

表 4 – 14 　　　　银行贷款融资主导型与公开债融资主导型
会计稳健性回归分析

$$Conserv_{i,t} = \beta_0 + \beta_1 Finance_{i,t} + \beta_2 Lev_{i,t} + \beta_3 Regulation_{i,t} + \beta_4 Tax_{i,t} + \beta_5 Litigation_{i,t} + \beta_6 Size_{i,t}$$
$$+ \beta_7 State_{i,t} + \beta_8 ROA_{i,t} + \sum_t \beta_t Year + \sum_i \beta_i Ind + \xi_{i,t}$$

	C_Score	ACC
常数项	0.631 *** (6.40)	0.250 *** (2.61)
Finance	0.027 (1.51)	0.031 * (1.78)
Regulation	− 0.066 ** (− 2.29)	0.001 (0.00)
Tax	0.011 (1.37)	0.007 (0.99)
Litigation	0.014 *** (2.70)	0.027 *** (5.56)
Size	− 0.030 *** (− 7.06)	− 0.010 ** (− 2.42)
State	0.006 (0.62)	0.046 *** (4.82)
ROA	− 0.349 *** (− 7.98)	− 0.447 *** (− 10.51)
年度	控制	控制
行业	控制	控制
Adj R-Sq	0.6496	0.1629
F 值	188.43 ***	20.68 ***

　　注：***、**、*分别表示1%、5%、10%的显著性水平，括号内为 t 值，该回归样本组为银行贷款融资主导型和公开债融资主导型样本两组，当样本公司属于银行贷款融资主导型时，Finance 取 1，否则取 0。

（四）研究结果分析

　　总体来看，三种融资类型的公司会计信息都呈现出明显的稳健性。从分组检验的结果来看，配对检验、相关性分析和回归分析的结论都趋于一致，即银行融资主导型公司的会计稳健性高于股权融资主导型的上市公司，而公开债融资主导型公司的会计稳健性低于股权融资主导型公司，三种融资类型会计稳健性的大小顺序为：银行融资主导型＞股权融资主导型＞公开债融资主导型。

第一，银行融资主导型的公司会计稳健性高于股权融资主导型，这与我们的假设一致。银行作为债权人与债务人面临着非对称收益和损失，同时，由于银行不像大股东一样通过直接监督、观察经理人的行为来维护自身权益。因此，银行融资主导型的公司对会计稳健性的需求比股权融资主导型的公司更高。该研究结论与艾哈迈德等（2002）一致，他们认为债权人与股东利益冲突越大的公司，越倾向采取更为稳健的会计政策，因为稳健的会计信息会造成较低资产与较高负债的现象，而这些结果均可以降低债权人的风险，对债权人形成更有利的保护。同时，该结论也澄清了施佩尔（Schipper，2005）以及瓜伊和维里克查尔（Guay & Verrecchia，2006）等人关于债权人对稳健会计需求提出的质疑，即他们认为债权人可以通过契约合约的修正来纠正会计信息的偏误。正如比蒂等（Beatty et al.，2008）的看法，此方式（修改债务契约的方式）可行但并不普遍，债务契约的修改无法达到债权人要求债务人所应达到的稳健水准，债务契约的修改常发生于代理成本高且契约、政府管制、诉讼及税务对稳健会计需求低时，所以债务契约的修改无法代替债权人对稳健会计的需求。本章的实证结果也证明了稳健的会计信息在银行债务契约上的确发挥着有效的治理作用。

第二，实证结果表明，公开债融资主导型的公司会计稳健性并不像我们认为的那样高于其他两类公司，而是低于股权融资主导型公司和银行融资主导型的公司，形成了中国资本市场上会计稳健性"公开债之谜"。"公开债之谜"的形成与中国证券监管制度有关。根据《中华人民共和国证券法》规定，公司公开发行新股应当符合的条件为："（1）具备健全且运行良好的组织机构；（2）具有持续盈利能力，财务状况良好；（3）最近三年财务会计文件无虚假记载，无其他重大违法行为；（4）经国务院批准的国务院证券监督管理机构规定的其他条件"。而公开发行公司债券应当符合的条件则为："（1）股份有限公司的净资产不低于人民币三千万元，有限责任公司的净资产不低于人民币六千万元；（2）累计债券余额不超过公司净资产的百分之四十；（3）最近三年平均可分配利润足以支付公司债券一年的利息；（4）筹集的资金投向符合国家产业政策；（5）债券的利率不超过国务院限定的利率水平；（6）国务院规定的其他条件"。无论从监管的范围和力度来看，公开发行公司债券再融资都要比股权再融资更加严格，发行公开债公司的资产状况、经营成果也要更好，财务风险也相应要低，因此，出资者对发行公开债公司的会计稳健性需求也就要小一些。

四、研究结论

本章首次基于中国 A 股证券市场上的数据研究了会计稳健性对企业融资活动的影响。根据中国上市公司再融资的渠道，不同于西方学者的研究思路，本章将上市公司分成股权融资主导型公司样本组、银行融资主导型公司样本组和公开债融资主导型公司样本组，以此来研究会计稳健性如何影响股权契约、银行债务契约和公开债契约，从而影响公司的筹资行为。这样划分的优点是：一方面，可以详细区分股权契约、银行债务契约和公开债契约对会计稳健性需要的差异；另一方面，避免了各契约与会计稳健性非线性关系造成的对研究结论的影响。本章采用卡恩和沃茨（2007）会计稳健性指数（C_Score）和吉弗里和海因（2000）累计应计项分别测度会计稳健。利用 2007～2009 年中国 A 股上市公司数据，采用相关分析、配对检验和多元回归分析，研究结果表明：（1）整体上中国上市公司会计信息存在稳健性，即股权融资主导型公司样本组、银行融资主导型公司样本组和公开债融资主导型公司样本组都存在会计稳健性；（2）会计稳健性在不同类型的公司中存在显著差距，三种融资类型会计稳健性的大小顺序为：银行融资主导型＞股权融资主导型＞公开债融资主导型。

第五章

会计稳健性与企业投资

  投资①是企业进行的以盈利为目的的资本性支出活动，投资的结果是为企业带来各种资产，并构成企业从事生产经营的物质基础，投资决定了企业价值创造能力和风险水平。近年来，中国上市公司非效率投资问题严重。非效率投资产生的原因主要是两权分离造成的信息不对称导致的委托代理问题，解决的方式主要从公司治理的角度出发，包括完善股东及股东大会、董事会、监事会治理机能，设计良好的薪酬激励机制，充分发挥债权人等外部治理的作用，等等。本章则从会计稳健性治理机制出发，考察会计稳健性与非效率投资的关系。

  企业高效的投资政策是指所有净现值为正的项目都能被公司识别、投资和执行，而所有净现值为负的项目都能够被否决（Julio，2007）。在莫迪利亚尼和米勒（Modigliani & Miller，1958）所界定的完美的资本市场中，企业的投资可以达到使企业价值最大化的最优水平。然而在现实世界中，一方面，经理人与股东之间代理冲突的存在会引发企业投资过度（Jensen，1986），即"自由现金流量假说"（Harford，1999；Richardson，2006）。该观点认为，在企业缺乏成长机会的情况下，如果来自现有资产的现金流量超过了适度投资水平，那么管理者存在投资过度的倾向，因为管理者采用"公司帝国"战略，通过扩大公司规模、多样化经营、收购与核心业务无关的资产可以扩大管理者手中的权力，同时常伴随着经理人报酬的提高。另一方面，由于企业外部投资者与内部人之间存在信息不对称，使得外部融资成本高于内部资金成本，管理

---

  ① 本章研究的投资主要是指资本性投资。总投资支出可以分成两个主要成分：维持当前业务所需的投资支出和对新项目的投资支出。由于对新项目的投资支出才最能反映当年公司的投资水平，所以本章主要研究当年新增的投资支出。

者更倾向于使用内部资金，因而企业可能为降低外部融资比例而放弃部分增加企业价值的正净现值项目，从而导致投资不足（Myers & Majluf，1984）。投资过度和投资不足统称为非效率投资，根据张功富和宋献中（2009）的研究发现，2001～2006年，由于信息不对称和代理问题的影响，有39.6%的公司存在投资过度的现象，其实际投资的平均水平超出其最优投资水平的100.66%；与此同时，60.74%的公司发生投资不足，其实际投资平均水平仅达到其最优投资水平的46.31%。对于非效率投资的治理，延森（Jensen，1986）认为，派发现金股利、举借债务可以有效制约过度投资行为。李维安和姜涛（2007）认为，公司治理机制能够对过度投资行为形成有效的治理。他们进一步研究表明，股东行为治理、董事会治理、利益相关者治理对抑制过度投资积极有效。辛清泉等（2007）则实证检验了经理薪酬在企业资本投资决策方面的治理效应。

会计信息在监督代理人方面发挥着重要作用，高质量的会计信息和披露影响投资效率①。沃茨（2003）从契约的角度分析了会计稳健性产生的原因，他认为稳健性的产生并非缘于会计管制的强制性要求，而是因为企业契约关系的需要。企业契约关系包括管理人员与股东之间的代理契约、债权人与股东之间的债务契约。会计稳健性是作为协调公司内部各契约参与方利益冲突、保证契约有效执行的机制，能显著降低信息不对称条件下契约各方的道德风险和机会主义行为，是作为降低企业潜在诉讼成本、契约成本以及政治成本的一种治理机制。大量文献认为，稳健的财务报告是高质量的，或者说高质量的财务报告应当是稳健的（Ball，Robin & Wu，2003；Ball & Shivakumar，2005），稳健性原则要求及时地确认损失，不允许进行盈余平滑和损失规避，更不允许采用激进的会计政策来增加盈余，因此，会计稳健性通过降低内部人和外部人之间的信息不对称，能够降低公司的代理成本，提高投资效率，增加公司的价值（Watts，2003；Lafond & Watts，2008）。已有文献关于会计稳健性与投资效率的研究主要围绕以下几个方面：一是会计稳健性通过缓解委托人和代理人之间的信息不对称程度，从而更有利于委托人监督代理人的投资决策（Watts，2003a；García Lara et al.，2009）；二是会

---

① 弗朗西斯等（2004）将会计信息的质量属性划分为应计利润质量、持续性、可预测性、平滑性、价值相关性、及时性和稳健性。

计稳健性能够促使代理人更及时地放弃净现值为负的投资项目（Ball & Shivakumar，2005；Pinnuck & Lillis，2007）；三是会计稳健性能够降低外部融资的成本（Ahmed et al.，2002；Easley & Ophara，2004）。

本章采用 2007～2009 年中国 A 股上市公司的数据研究发现，会计稳健性对投资效率的影响具有两面性，一方面，在企业投资过度时能及时遏制企业投资规模，改善投资效率；另一方面，会计稳健性会加剧企业投资不足，恶化投资效率。会计稳健性这种对投资效率非对称的影响，同时得到了资本市场的验证。

一、制度背景与研究假说

制度环境对企业公司治理、投融资行为都具有重要的影响（Shleifer & Vishney，1997；Laporta et al.，2000），与成熟市场国家相比，中国转型经济时期企业行为受到制度制约的现象表现得更为明显。鲍尔、科塔里和罗宾（Ball，Kothari & Robin，2000）比较了普通法国家（美国、英国、加拿大和澳大利亚）和成文法国家（法国、德国和日本）在会计稳健性方面的区别。他们认为，由于普通法国家更多地依赖公开披露和契约来解决财务报表编制者及使用者之间的信息不对称，而成文法国家中各方的信息不对称主要通过内部私人沟通而不是使用外部契约予以解决。因此，在契约中使用公开会计报表数字的特点将导致普通法国家的盈余较成文法国家的盈余更稳健。鲍尔、罗宾和吴（2002）进一步的研究表明，亚洲国家财务报告更多地受到政治的影响和更多地使用私人信息而不是公共信息来解决信息不对称。在此，结合中国制度背景提出以下两类假说。

（一）会计稳健性遏制投资过度假说

毛新述和戴德明（2009）以中国会计制度改革为研究背景，研究得出上市公司的盈余稳健性同会计制度中稳健性原则的运用程度紧密相关。从总体上看，中国上市公司的会计信息是存在稳健性特征的，且新会计准则实施后，上市公司的会计稳健性有所提升。企业采用更稳健的会计政策，则其在评价投资项目时会更多地拒绝差项目，而将更多的资本配置到正净现值项目中，同时能尽早地从损失项目中撤离出来。布什曼、史密斯和皮奥特洛斯基（2005）从国家横截面角度检验了稳健的财务报告体制对企业投资决策效率的影响，研究发现，在更稳健的财务报告体制下，企业对投资机会下降做出反应的速度更快。同时，他们发现，在所有权更分散的国家中，稳健性在约束过度投资中的作用更高。皮努克和利利斯（Pinnuck & Lillis，2007）研究表明，稳健性作为解决代理问题的触发器能更及时地遏制非效率投资。在中国，国家控股上市公司的制度安排普遍存在，由于特殊的委托代理链，国家控股会对上市公司的治理结构、投融资行为、公司效率和业绩产生影响。朱茶芬和李志文（2008）实证考察了国家控股对会计稳健性的影响。结果表明，国有控股上市公司对应着更低的稳健性，进一步的检验发现，内部人控制问题、债务软约束和政府干预都对国有公司的稳健性造成了显著的影响。基于此，提出本章的两个假设。

H1a：在其他条件一定的情况下，会计稳健性能改善企业投资效率，遏制企业过度投资；

H1b：在其他条件一定的情况下，会计稳健性遏制国有企业投资过度的功效比非国有企业表现的要弱。

（二）会计稳健性加剧投资不足假说

一方面，会计稳健性通过影响投资项目收益的分布，系统性的低估项目收益，降低了会计信息的相关性，从而对最优投资决策产生负面影响。这也是资本市场规制者、准则制定者和实务工作者经常批评并试图放弃会计稳健性的原因（Levitt，1998；FASB，1980，第 2 号概念公告）。在 IASB 发布的概念框架修订讨论稿中，IASB 对稳健性有利于投资者决策的观点提出了质疑，认为稳健性使得投资者低估自己现在所持有证券主体的净资产，可能会导致投资者卖出本应该持有的证券，或者导致潜在的投资者放弃本应该购买的证券。从这个角度看，会计稳健性会造成企业投资不足。另一方面，会计稳健性会降低外部融资成本。拉腊、奥斯马和佩纳尔瓦（2009）采用多种计量方法组合来计量会计稳健性后发现，会计稳健性显示出了与事前资本成本之间显著的负相关关系。同时，李（2009）发现，拥有更稳健财务报告体系的国家其上市公司的债务成本以及权益成本更低。艾哈迈德等人（2002）的研究表明，会计稳健性对于减轻债券持有人和股东之间的冲突及降低企业的债务成本有重要作用。从外部融资看，会计稳健性能够增强企业融资能力，缓解投资不足。

从目前中国资本市场上的情况来看，市场对盈余信息存在功能锁定（赵宇龙和王志台，1999），导致会计信息稳健性与相关性的分离程度加剧，稳健性会计信息低报企业的利润和资产，可能使投资者错误地过低预期企业未来的赢利能力，从而错误地低估企业的价值，投资者可能放弃一个本来值得投资的企业，使得企业投资规模与最优投资发生系统性偏离；朱松和夏冬林（2010）的经验研究也发现，由于会计稳健性使得会计数字表现出系统性的低估，从而影响企业未来融资能力，造成投资不足。

一方面，从所有权契约来看，中国国有股的控股地位使得股东和管理层之间的信息不对称并不是通过公开的披露来解决，而是通过大股东直接控制管理层来解决。另一方面，从债权契约来看，由于中国以国有银行为主体的信贷机构具有多重利益目标，使得政府行政干预下的银行贷款具有一定的"政策性"贷款特征。基于此，提出本章的另外两个假设：

H2a：在其他条件一定的情况下，会计稳健性会恶化企业投资效率，加剧企业投资不足；

H2b：在其他条件一定的情况下，会计稳健性导致非国有企业投资不足的程度要比国有企业大。

二、研究设计

（一）会计稳健性与投资效率模型

在比德尔等（Biddle et al.，2009）模型的基础上，借鉴王宇峰和苏逶妍（2008）、孙刚（2010）、朱松和夏冬林（2010）的研究模型，本章采用模型（5.1）分析会计稳健性是否可以改善企业的投资效率。

$$
\begin{aligned}
Invest_{i,t+1} = {} & \delta_0 + \delta_1 C\_Score_{i,t} + \delta_2 C\_Score_{i,t} \times OverInv_{i,t+1} + \\
& \delta_3 OverInv_{i,t+1} + \delta_4 R_{i,t} + \delta_5 SaleGrth_{i,t} + \delta_6 Cash_{i,t} + \\
& \delta_7 Lev_{i,t} + \delta_8 Age_{i,t} + \delta_9 Size_{i,t} + \delta_{10} OwnerDum_{i,t} + \\
& \sum YearDum + \sum IndustryDum + \xi_{i,t+1}
\end{aligned}
\tag{5.1}
$$

其中，*Invest* 为新投资，是总投资扣除维持性投资后的净投资。总投资等于研发支出＋资本化支出＋并购支出－处置固定资产收到的现金，维持性投资是维持资产运行的必要支出，用折旧和摊销金额替代；
C_Score 为会计稳健性指数，利用卡恩和沃茨（2007）模型计算；*Over-Inv* 为虚拟变量，当企业当年投资过度时取 1，投资不足时取 0；*R* 为上一年股票二级市场上的回报；*SaleGrth* 为销售收入增长率；*Cash* 为现金；*Lev* 为资产负债率；*Age* 为企业上市年数，并取其自然对数；*Size* 为企业资产规模，取总资产的对数；*OwnerDum* 为虚拟变量，当控股股东为国有性质时取 1，否则取 0；*YearDum* 为年度虚拟变量，*IndustryDum* 为行业虚拟变量。具体指标定义如表 5 – 1 所示。

表 5 – 1　　　　　　　　会计稳健性与投资效率变量

变量名	计算方法
$Invest_{t+1}$	（$t+1$ 期购建固定资产、无形资产和其他长期资产所支付的现金 + 投资支付的现金 – 处置固定资产、无形资产和其他长期资产而收回的现金 – 折旧和摊销）/t 期末总资产
C_Score_t	根据卡恩和沃茨（2007）模型计算的会计稳健性指数 *C_Score*
$OverInv_t$	虚拟变量，按照根据模型（5.1）计算的残差从大到小排序并等分为三组，最大值组为投资过度组，取值为 1，最小值组为投资不足组，取值为 0，中间组为标准投资组
R_t	t 期股票回报，使用考虑现金红利再投资的年个股回报率
$SaleGrth_t$	（本期营业收入 – 上期营业收入）/上期营业收入
$Cash_t$	t 期末货币资金持有量/t 期末总资产
Lev_t	t 期末总负债/t 期末总资产
Age_t	为 *IPO* 年度到上年末为止年数的自然对数
$Size_t$	t 期末总资产的自然对数
$OwnerDum_t$	虚拟变量，当控股股东为国有性质时取 1，否则取 0
$YearDum$	为年度哑变量，以控制年度的固定影响
$IndustryDum$	为行业哑变量，以控制行业的固定影响。行业分类采用中国证监会 2001 版《上市公司行业分类指引》规定，分为 13 个大类

在模型（5.1）的回归系数中，我们最关心的系数为 δ_1 和 δ_2，当投资不足，即 *OverInv* = 0 时，我们预期 δ_1 为负，表明会计稳健性通过对资产/负债和收益/费用非对称的确认计量"恶化"了企业投资效率。相反，当投资过度，即 *OverInv* = 1 时，我们预期 $\delta_1 + \delta_2 < 0$，表明会计

稳健性通过遏制无效率的投资，从而"改善"企业的投资效率[1]。关于 *OverInv* 变量，我们通过模型（5.2）模拟出企业预期投资规模，将实际投资规模与预期投资规模的差异定义为投资效率。

（二）预期投资模型

借鉴理查森（Richardson，2006）、比德尔等（2006）、杨华军等（2007）度量公司层面（Firm-level）期望投资规模的方法，采用模型（5.2）模拟出预期投资规模，并且利用该模型的残差来度量投资效率，模型如下所示：

$$Invest_{i,t+1} = \alpha_0 + \alpha_1 Q_{i,t} + \alpha_2 R_{i,t} + \alpha_3 SaleGrth_{i,t} + \alpha_4 Cash_{i,t} + \alpha_5 Lev_{i,t} +$$
$$\alpha_6 Age_{i,t} + \alpha_7 Size_{i,t} + \alpha_8 Invest_{i,t} + \sum YearDum +$$
$$\sum IndustryDum + \xi_{i,t+1} \tag{5.2}$$

其中，Q 为投资机会，用托宾 Q 值（Tobin'Q）表示（辛清泉等，2007），计算方法为：$Q_t = [$（流通股市场价值 + 非流通股股占总股本比率 × 股东权益账面价值）+ 负债账面价值$]$/总资产账面价值，其他变量同模型（5.1）。我们将模型（5.2）的拟合值作为预期投资水平，残差部分（ξ）作为非预期投资。按照根据模型（5.2）计算的残差从大到小排序并等分为三组，最大值组为投资过度组，*OverInv* 取值为 1，最小值组为投资不足组，*OverInv* 取值为 0，中间组为标准投资组。

（三）会计稳健性指数模型

模型（5.1）中，C_Score 会计稳健性指数我们采用卡恩和沃茨（2007）的模型计算。卡恩和沃茨（2007）认为，由于企业具有不同的特性，契约、诉讼、税收和监管对企业投资机会集（Investment Opportunity Set）的影响程度不一样，所以企业会计稳健性也存在差异。在 Basu 模型的基础上，卡恩和沃茨从一系列企业特性中选择公司规模（*Size*）、权益市值与账面价值比率（*M/B*）和负债率（*Lev*）作为估计稳健性指数的工具变量，设计出度量公司/年稳健性程度的指标——稳

---

[1] 在模型（5.1）中 $\delta_1 > 0$，则说明会计稳健性能够减少企业投资不足；$\delta_1 < 0$，则相反。而 $\delta_1 + \delta_2 < 0$，则说明会计稳健性能遏制的投资过度，若 $\delta_1 + \delta_2 > 0$，则说明会计稳健性对投资过度治理失效。

健性指数（C_Score）。会计稳健性计算方法如下。

首先，根据 Basu 模型：

$$\frac{X_{i,t}}{P_{i,t-1}} = \alpha_{0,t} + \beta_{1,t}DR_{i,t} + \beta_{2,i,t}R_{i,t} + \beta_{3,i,t}R_{i,t} \times DR_{i,t} + \xi_{i,t} \quad (5.3)$$

其中，X_{it} 表示 i 公司 t 年度的每股收益（使用每股基本收益）；P_{it-1} 表示 i 公司 $t-1$ 年股票收盘价；R_{it} 表示 i 公司 t 年 5 月到 $t+1$ 年 4 月股票经市场调整过的累积年度超额报酬率，计算公式如下：

$$R_{it} = \left[\prod_{t=5}^{4}(1 + RET_{it}) - 1 \right] - \left[\prod_{t=5}^{4}(1 + MRET_t) - 1 \right]$$

其中，RET_t、$MRET_t$ 分别表示考虑现金红利再投资的月个股回报率和按市值加权计算的考虑现金红利再投资的月市场回报率；DR_{it} 为虚拟变量，当 $R_{it} \leq 0$ 时，取值为 1，否则为 0。在模型（5.3）中，β_1 表示会计盈余对"好消息"确认的及时性，$\beta_1 + \beta_2$ 表示会计盈余对"坏消息"确认的及时性，β_2 表示会计盈余对"坏消息"比"好消息"确认及时性的增量，所以用 β_2 是否显著大于 0，来判断上市公司会计盈余是否稳健。

为了估计公司层面"好消息"和"坏消息"确认的及时性，卡恩和沃茨（2007）将公司"好消息"确认的及时性（G_Score）和"坏消息"确认的及时性增量（C_Score）用公司规模、市值与账面价值比率和负债率三个反映公司特性的工具变量的线性函数表示如下：

$$G\_Score = \beta_{2,i,t} = \mu_{1,t} + \mu_{2,t}Size_{i,t} + \mu_{3,t}M/B_{i,t} + \mu_{4,t}Lev_{i,t} \quad (5.4)$$
$$C\_Score = \beta_{3,i,t} = \lambda_{1,t} + \lambda_{2,t}Size_{i,t} + \lambda_{3,t}M/B_{i,t} + \lambda_{4,t}Lev_{i,t} \quad (5.5)$$

将式（5.4）和式（5.5）代入模型（5.3）：

$$\frac{X_{i,t}}{P_{i,t-1}} = \alpha_{0,t} + \beta_{1,t}DR_{i,t} + (\mu_{1,t} + \mu_{2,t}Size_{i,t} + \mu_{3,t}M/B_{i,t} + \mu_{4,t}Lev_{i,t})\,R_{i,t} +$$
$$(\lambda_{1,t} + \lambda_{2,t}Size_{i,t} + \lambda_{3,t}M/B_{i,t} + \lambda_{4,t}Lev_{i,t})\,R_{i,t} \times DR_{i,t} + \xi_{i,t} \quad (5.6)$$

运用模型（5.6），采用年度横截面数据进行回归，估计出每年的系数 $\lambda_{1,t}$、$\lambda_{2,t}$、$\lambda_{3,t}$、$\lambda_{4,t}$，再将其各年系数分别代入式（5.5）中，计算出公司每年稳健性指数（C_Score）代入模型（5.1）中。

（四）会计稳健性、投资效率与企业价值

为了研究会计稳健性与投资效率共同作用对企业价值的影响，我们

构建模型（5.7）如下：

$$V_{i,t} = \delta_0 + \delta_1 C\_Score_{i,t} + \delta_2 C\_Score_{i,t} \times RestInv^{abs}_{i,t} + \delta_3 RestInv^{abs}_{i,t} +$$
$$\delta_4 R_{i,t} + \delta_5 SaleGrth_{i,t} + \delta_6 Cash_{i,t} + \delta_7 Lev_{i,t} + \delta_8 lnAge_{i,t} +$$
$$\delta_9 LnSize_{i,t} + \delta_{10} OwnerDum_{i,t} + \sum YearDum +$$
$$\sum IndustryDum + \xi_{i,t+1} \tag{5.7}$$

模型（5.7）中，V 表示企业价值，用 Tobin'Q 替代，$RestInv$ 为投资效率的程度，用实际投资与预期投资的残差表示，其中，投资过度组（$OverInv = 1$）的 $RestInv$ 取模型（5.2）的残差（该组残差都大于零），投资不足组（$OverInv = 0$）的 $RestInv$ 取模型（5.2）残差的绝对值（该组残差都小于零）。$C\_Score \times RestInv$ 表示公司稳健性指数与投资效率的交叉项，分别用模型（5.7）对投资过度组和投资不足组样本进行回归。在投资过度组样本中，预期 δ_2 大于 0，表明在会计稳健性通过"改善"企业投资过度的效率，提高企业价值；相反，在投资不足样本中，我们预期 δ_2 小于 0，表明会计稳健性会"加剧"投资不足，降低了投资效率，从而降低了企业价值。

（五）数据来源与样本选择

本章选取 2007～2009 年度中国所有 A 股上市公司作为研究样本。样本数据来自国泰安（CSMAR）数据库，并作了如下筛选：（1）剔除金融行业上市公司，因为金融行业上市公司业务特殊，财务数据与其他行业相比差异较大；（2）剔除当年 IPO 的公司，众多学者研究表明，中国上市公司 IPO 前三年和当年存在明显的盈余管理行为，因此予以剔除；（3）数据不全的公司以及净资产小于 0 的公司。另外，为了控制极端值对研究结论的影响，所有回归模型变量均在样本 1% 和 99% 分位数处做了 Winsorize 处理。

三、实证结果与分析

（一）会计稳健性指数（C_Score）

会计稳健模型变量的描述性统计如表 5–2 所示，分别报告了模型（5.6）中各变量的均值、标准差等统计量。在样本期间，每股收益与股价比（X_{it}/P_{it-1}）的平均值为 0.028，累积年度超额报酬率（R）的均值为 0.161，各年度之间上述指标也存在一些波动，每股收益与股价的比从 2007 年的 0.041 陡降到 2008 年的 0.008，2009 年又出现了反弹。

表 5 - 2　　　　　　　会计稳健性模型变量描述性统计

区间	变量名	样本量	均值	标准差	最小值	25%	中位数	75%	最大值
2007	X_{it}/P_{it-1}	1 290	0.041	0.072	-0.542	0.017	0.037	0.062	1.109
	R	1 290	0.005	0.449	-0.490	-0.298	-0.137	0.177	1.730
	$Size$	1 290	21.554	1.137	18.717	20.774	21.466	22.185	25.247
	Lev	1 290	0.508	0.179	0.079	0.382	0.519	0.638	0.980
	M/B	1 290	7.493	30.661	1.036	3.374	4.862	7.170	11.995
2008	X_{it}/P_{it-1}	1 290	0.008	0.026	-0.210	0.003	0.010	0.019	0.147
	R	1 290	0.183	0.287	-0.490	-0.001	0.141	0.313	1.730
	$Size$	1 290	21.496	1.172	18.717	20.697	21.367	22.162	25.247
	Lev	1 290	0.506	0.192	0.079	0.370	0.512	0.646	0.988
	M/B	1 290	2.693	3.066	1.000	1.447	1.961	2.903	11.995
2009	X_{it}/P_{it-1}	1 505	0.035	0.073	-0.547	0.013	0.034	0.061	0.647
	R	1 505	0.276	0.436	-0.490	-0.034	0.195	0.491	1.730
	$Size$	1 505	21.691	1.243	18.717	20.811	21.557	22.448	25.247
	Lev	1 505	0.502	0.195	0.079	0.359	0.512	0.653	0.997
	M/B	1 505	5.716	13.199	1.015	2.861	4.017	5.891	11.995
2007 ~ 2009	X_{it}/P_{it-1}	4 085	0.028	0.063	-0.547	0.008	0.023	0.049	1.109
	R	4 085	0.161	0.415	-0.490	-0.122	0.097	0.353	1.730
	$Size$	4 085	21.586	1.190	18.717	20.759	21.462	22.275	25.247
	Lev	4 085	0.505	0.189	0.079	0.369	0.514	0.646	0.997
	M/B	4 085	4.072	2.373	1.000	2.198	3.525	5.576	11.995

注：25% 表示四分之一位数，75% 表示四分之三位数，下同。

　　我们按照卡恩和沃茨（2007）模型，分年度对模型（5.6）进行回归，分别计算出年度各变量的系数，回归结果如表 5 - 3 所示。整体看来，中国上市公司整体存在稳健性，特别是在加入企业规模（$Size$）、权益市值与账面比（M/B）、资产负债率（Lev）及其交叉变量时，模型调整后的拟合优度（*Adj R-Sq*）显著增强，模型的解释能力得到了显著提高。从 $DR \times R$ 的系数符号来看，各年度卡恩和沃茨（2007）模型中该系数都在 1% 的显著性水平下大于 0，说明新会计准则存在稳健性；从 $DR \times R$ 系数的大小来看，2008 年该系数为 0.855，明显小于 2007 年的 1.532 和 2009 年的 1.218，这可能是由于 2007 年上市公司首次执行新会计准则所导致的。同时发现，$Size \times DR \times R$ 的系数在各年度都显著的小于 0。从 $Lev \times DR \times R$ 系数看，各年度该系数都显著大于 0，说明债务契约对会计稳健性的强大需求。

表 5 - 3 卡恩和沃茨（2007）模型分年度回归结果

年份	2007		2008		2009	
模型	Basu 模型	Khan & Watts 模型	Basu 模型	Khan & Watts 模型	Basu 模型	Khan & Watts 模型
截距项	0.050 *** (11.01)	0.050 *** (11.28)	0.004 *** (3.39)	0.003 *** (2.66)	0.027 *** (8.01)	0.023 *** (7.08)
DR	0.012 * (1.80)	0.011 * (1.71)	0.001 (0.50)	0.001 (0.27)	- 0.001 (- 0.04)	0.006 (0.87)
R	0.026 *** (3.67)	- 0.553 *** (- 6.35)	0.016 *** (5.04)	- 0.251 *** (- 5.19)	0.021 *** (3.77)	- 0.817 *** (- 9.81)
$DR \times R$ ($\lambda_{1,t}$)	0.110 *** (5.70)	1.532 *** (7.47)	- 0.017 (- 0.95)	0.855 *** (5.33)	- 0.031 (- 1.10)	1.218 *** (3.63)
$Size \times R$		0.027 *** (6.58)		0.015 *** (6.18)		0.042 *** (10.26)
$M/B \times R$		0.001 (0.32)		- 0.002 *** (- 5.28)		- 0.001 *** (- 4.62)
$Lev \times R$		- 0.010 (- 0.39)		- 0.067 *** (- 5.49)		- 0.081 *** (- 4.01)
$Size \times DR \times R$ ($\lambda_{2,t}$)		- 0.073 *** (- 7.53)		- 0.047 *** (- 6.49)		- 0.067 *** (- 4.48)
$M/B \times DR \times R$ ($\lambda_{3,t}$)		- 0.002 (- 1.32)		- 0.005 (- 1.43)		0.025 *** (4.13)
$Lev \times DR \times R$ ($\lambda_{4,t}$)		0.312 *** (5.90)		0.292 *** (5.62)		0.206 * (1.96)
样本量	1 290	1 290	1 290	1 290	1 505	1 505
Adj R-Sq	0.101	0.167	0.021	0.115	0.010	0.126
F Value	49.02 ***	29.67 ***	10.13 ***	19.60 ***	6.16 ***	25.04 ***

注：*** 、* 分别表示在 1% 、10% 的显著性水平下显著，括号中为 *t* 值。

根据卡恩和沃茨（2007）模型的分年回归计算出各公司各年度会计稳健性指数（如表 5 - 4 所示），对其进行描述性统计发现，全样本中，会计稳健性指数的均值为 0.016，中位数 0.007，均大于 0 且向左偏（中位数小于均值）。按照企业性质分组统计发现，国有企业会计稳健性指数的均值略小于非国有企业。按照年度分组统计发现，2007 年上市公司的会计稳健性指数的均值最高，且其中位数也大于 0。

表 5 - 4　　　　　会计稳健性指数（C_Score）描述性统计

		样本量	均值	标准差	最小值	25%	中位数	75%	最大值
全样本		4 085	0.016	0.124	- 1.877	- 0.060	0.007	0.090	0.936
按企业性质分	国有企业	829	0.014	0.121	- 0.337	- 0.065	0.009	0.093	0.936
	非国有企业	3 256	0.015	0.125	- 1.877	- 0.059	0.006	0.089	0.892
按年度分	2007	1 290	0.099	0.100	- 1.877	0.049	0.108	0.159	0.379
	2008	1 290	- 0.028	0.062	- 0.269	- 0.067	- 0.026	0.014	0.132
	2009	1 505	0.001	0.353	- 0.354	- 0.102	- 0.032	0.047	0.936

（二）预期投资规模

对模型（5.2）预期投资的描述性统计发现（如表 5 - 5 所示），企业每年新投资的均值为年初总资产的 0.06，标准差为 0.108，且公司成长机会（Q）的均值为 2.039，每年的销售增长率的均值也高达 50.6%。这都表明，中国上市公司处于高速发展阶段，这对于我们研究会计稳健性对投资作用具有重要的现实价值。

表 5 - 5　　　　　预期投资规模各变量的描述性统计

变量	样本量	均值	标准差	最小值	25%	中位数	75%	最大值
Invest	4 085	0.060	0.108	- 0.094	- 0.004	0.029	0.088	0.589
Q	4 085	2.039	1.401	0.802	1.211	1.633	2.309	9.940
R	4 085	0.918	1.366	- 0.799	- 0.535	1.006	1.739	5.253
Cash	4 085	0.158	0.118	0.003	0.074	0.130	0.213	0.598
SaleGrth	4 085	0.506	2.090	- 0.907	- 0.113	0.079	0.350	16.799
Age	4 085	2.024	0.713	0.000	1.792	2.303	2.485	2.833
Size	4 085	21.586	1.190	18.717	20.759	21.462	22.275	25.247
Lev	4 085	0.505	0.189	0.079	0.369	0.514	0.646	0.997

表 5 - 6 是预期投资模型的回归结果，由于该模型采用相关变量的滞后值，所以通过将 2007 年各指标滞后到 2008 年进行回归，该模型实际预期的投资为 2008 年度和 2009 年度的新增投资规模。从调整后的拟合优度（*Adj R-Sq*）看，拟合优度达到 25.4% 。

表 5 - 6　　　　　　　　　　预期投资模型回归结果

$$Invest_{i,t+1} = \alpha_0 + \alpha_1 Q_{i,t} + \alpha_2 R_{i,t} + \alpha_3 SaleGrth_{i,t} + \alpha_4 Cash_{i,t} + \alpha_5 Lev_{i,t} + \alpha_6 Age_{i,t} + \alpha_7 Size_{i,t} +$$
$$\alpha_8 Invest_{i,t} + \sum YearDum + \sum IndustryDum + \xi_{i,t+1}$$

变量	系数	标准差	p 值
截距	− 0.045	0.039	0.248
Q_t	0.010 ***	0.002	0.000
R_t	− 0.001	0.002	0.505
$SaleGrth_t$	− 0.001 *	0.001	0.076
$Cash_t$	0.106 ***	0.018	0.000
Lev_t	− 0.017 ***	0.006	0.005
Age_t	− 0.002	0.003	0.550
$Size_t$	0.003	0.002	0.126
$Invest_t$	0.418 ***	0.017	0.000
Year	控制		
Industry	控制		
样本量	2 712		
Adj R-Sq	0.254		
F Value	47.020 ***		

注：*** 、* 分别表示在 1% 、10% 的显著性水平下显著，括号中为 *t* 值。

通过对上述模型的残差（表示投资效率）分别进行描述性分析（如表 5 - 7 所示），我们发现，在全样本中，预期投资残差的均值为 0；按照年度分，预期投资残差的均值也都为 0；按照企业性质分组，发现国有企业预期投资残差均值为 0.004，而非国有企业的均值为 − 0.001，说明国有企业发生投资过度的现象比较普遍，相反非国有企业则容易发生投资不足。同时，按照预期投资残差的分组可以发现，投资过度组的残差均值为 0.087，分布从最小值的 0.003 ~ 0.540，而投资不足组的残差均值为 − 0.069，幅度在 − 0.345 ~ − 0.035。

表 5 - 7　　　　　　　　　预期投资残差描述性分析

		样本量	均值	标准差	最小值	25%	中位数	75%	最大值
全样本		2 712	0.000	0.090	-0.345	-0.045	-0.018	0.021	0.593
按年度分	2008	1 286	0.000	0.087	-0.293	-0.045	-0.016	0.025	0.593
	2009	1 426	0.000	0.093	-0.345	-0.046	-0.019	0.017	0.552
按企业性质分	国有企业	537	0.004	0.090	-0.256	-0.042	-0.016	0.019	0.540
	非国有企业	2 175	-0.001	0.090	-0.345	-0.046	-0.018	0.021	0.593
按投资效率分	投资过度	904	0.087	0.102	0.003	0.021	0.049	0.111	0.593
	标准组	904	-0.017	0.010	-0.035	-0.026	-0.018	-0.008	0.003
	投资不足	904	-0.069	0.039	-0.345	-0.080	-0.057	-0.045	-0.035

（三）会计稳健性与投资效率模型

从会计稳健性与投资效率的回归结果来看（如表 5 - 8 所示），在全样本中，C_Score 的系数 δ_1 为 - 0.136，小于 0，且在 1% 的显著性水平下显著，说明会计稳健性越强，企业投资不足的迹象越明显，会计稳健性"恶化"了企业的投资效率。同时，$C\_Score \times OverInv$ 的系数 δ_2 也小于 0，且 $\delta_1 + \delta_2 = -0.136 - 0.087 < 0$，说明会计稳健性越强，越能有效遏制投资过度的发生，从而"改善"企业投资效率。该回归调整后的拟合优度达到了 47.1%，说明该模型具有比较好的解释能力。

表 5 - 8　　　　　　会计稳健性与投资效率回归结果

$$Invest_{i,t+1} = \delta_0 + \delta_1 C\_Score_{i,t} + \delta_2 C\_Score_{i,t} \times OverInv_{i,t+1} + \delta_3 OverInv_{i,t+1} + \delta_4 R_{i,t} +$$
$$\delta_5 SaleGrth_{i,t} + \delta_6 Cash_{i,t} + \delta_7 Lev_{i,t} + \delta_8 Age_{i,t} + \delta_9 Size_{i,t} + \sum YearDum +$$
$$\sum IndustryDum + \xi_{i,t+1}$$

	全样本	国有企业	非国有企业
截距	0.077 (1.24)	-0.082 (-0.69)	0.065 (0.80)
C_Score	-0.136 *** (-2.81)	-0.086 (-0.86)	-0.133 * (-1.86)
$C\_Score \times OverInv$	-0.087 * (-1.95)	-0.159 (-1.58)	-0.066 (-1.28)

	全样本	国有企业	非国有企业
OverInv	0.157 *** (33.33)	0.164 *** (15.61)	0.157 *** (29.54)
R	0.006 ** (2.41)	0.010 (1.47)	0.006 ** (2.06)
SaleGrth	−0.002 ** (−1.99)	−0.003 (−0.93)	−0.002 * (−1.69)
Cash	0.168 *** (7.79)	0.173 *** (3.29)	0.170 *** (7.07)
Lev	−0.054 *** (−3.19)	−0.038 (−1.14)	−0.067 *** (−2.75)
Age	−0.005 (−1.49)	−0.010 (−1.15)	−0.004 (−1.05)
Size	−0.002 (−0.87)	0.004 (0.60)	−0.002 (−0.45)
Year	控制	控制	控制
Industry	控制	控制	控制
样本量	1 582	304	1 278
Adj R-Sq	0.471	0.548	0.461
F Value	68.09 ***	18.50 ***	52.94 ***

注：*** 、** 、* 分别表示在1%、5%、10%的显著性水平下显著，括号中为 t 值。

在分组回归中我们发现，国有企业和非国有企业 δ_1 和 δ_2 都小于 0，说明会计稳健性对于"恶化"投资不足和"改善"投资过度方面的作用同全样本是一致的。但是，值得注意的是，国有企业 δ_1 没有通过显著性检验，而非国有企业的 δ_1 则在 10% 的显著性水平上通过了检验，表明会计稳健性对投资效率的影响在非国有企业中表现得更明显。

（四）会计稳健性、投资效率与企业价值

从前面的研究中我们可以看出，会计稳健性具有"加剧"投资不足和"改善"投资过度的功效，那么，市场能否反映这种现象呢？我们进一步检验市场能否识别会计稳健性这种"双重"功效。模型

（5.7）使用会计稳健性指数与预期投资的残差（投资不足组用残差的绝对值）的交叉项（$C\_Score \times RestInv$）来刻画会计稳健性与非效率投资的相互作用，通过该交叉项在分组回归中的系数符号来判断它们是如何影响企业价值的。

从表 5 - 9 中可以看出，在投资过度组中，我们发现 $C\_Score \times RestInv$ 的系数无论是在全样本和国有企业样本以及非国有企业样本中都大于 0，表明会计稳健性通过遏制投资过度的非效率行为提高了企业价值。进一步的分析表明，非国有企业的 $C\_Score \times RestInv$ 系数为 12.212，且在 1% 的显著性水平下显著，而国有企业该系数为 5.451，没有通过显著性检验。可以看出，无论从系数的大小还是系数的显著性水平，国有企业比非国有企业会计稳健性对企业价值的影响表现的都要弱。相反，在投资不足组中，$C\_Score \times RestInv$ 系数在全样本、国有企业以及非国有企业组中都显著地小于 0，表明会计稳健性通过加剧企业投资不足的行为降低了企业价值，且国有企业比非国有企业表现得更加明显（国有企业该系数为 - 92.164，小于非国有企业的 - 14.417），说明会计稳健性对国有企业价值影响的噪音更大。

表 5 - 9　　　　　会计稳健性、非效率投资与企业价值回归结果

$$V_{i,t} = \delta_0 + \delta_1 C\_Score_{i,t} + \delta_2 C\_Score_{i,t} \times RestInv_{i,t}^{abs} + \delta_3 RestInv_{i,t}^{abs} + \delta_4 R_{i,t} + \delta_5 SaleGrth_{i,t} +$$

$$\delta_6 Cash_{i,t} + \delta_7 Lev_{i,t} + \delta_8 Age_{i,t} + \delta_9 Size_{i,t} + \sum YearDum + \sum IndustryDum + \xi_{i,t+1}$$

	投资过度			投资不足		
	全样本	国有企业	非国有企业	全样本	国有企业	非国有企业
截距	2.078 *** (2.96)	- 4.934 *** (-2.93)	2.337 *** (2.91)	6.445 *** (7.14)	8.495 *** (3.52)	5.991 *** (5.97)
C_Score	2.540 *** (11.76)	8.057 *** (7.61)	2.434 *** (10.65)	3.240 *** (4.28)	7.763 *** (3.56)	3.137 *** (3.62)
$C\_Score \times RestInv$	12.199 *** (5.71)	5.451 (0.75)	12.212 *** (5.33)	- 15.827 * (-1.81)	- 92.164 *** (-2.89)	- 14.417 * (-1.65)
$RestInv$	0.388 (1.39)	0.327 (0.54)	0.295 (0.92)	- 0.609 (-0.55)	- 13.836 *** (-3.23)	0.365 (0.31)
R	0.299 *** (7.16)	0.099 (1.06)	0.318 *** (6.78)	0.261 *** (3.88)	0.294 * (1.84)	0.253 *** (3.36)

续表

	投资过度			投资不足		
	全样本	国有企业	非国有企业	全样本	国有企业	非国有企业
SaleGrth	−0.008 (−0.72)	0.007 (0.21)	−0.010 (−0.81)	−0.002 (−0.08)	−0.073 (−1.29)	0.013 (0.45)
Cash	0.617 ** (2.11)	−1.125 ** (−1.89)	0.933 *** (2.80)	0.928 *** (2.97)	0.480 (0.65)	1.129 *** (3.20)
Lev	−2.411 *** (−12.57)	−3.664 *** (−9.05)	−2.503 *** (−11.15)	−2.357 *** (−9.80)	−1.656 *** (−2.90)	−2.566 *** (−9.35)
Age	0.142 *** (2.82)	0.163 * (1.63)	0.138 ** (2.40)	0.226 *** (3.15)	0.200 (1.14)	0.239 *** (2.99)
Size	0.020 (0.61)	0.395 *** (4.73)	0.008 (0.21)	0.180 *** (−4.17)	−0.237 ** (−2.13)	−0.160 *** (−3.35)
Year	控制	控制	控制	控制	控制	控制
Industry	控制	控制	控制	控制	控制	控制
样本量	794	159	635	788	145	643
Adj R-Sq	0.559	0.554	0.568	0.423	0.469	0.418
F Value	48.90 ***	10.80 ***	40.76 ***	28.49 ***	7.36 ***	22.96 ***

注：*** 、 ** 、 * 分别表示在 1% 、 5% 、 10% 的显著性水平下显著，括号中为 t 值。

四、研究结论

本章以新会计准则和实施股权分置改革后的 2007 ~ 2009 年中国 A 股上市公司为样本，研究了会计稳健性对投资效率的影响。首先，我们采用修正后的 Richardson 模型计算出公司每年的预期投资，再将该模型的残差从大到小均分成三组，最大的组定义为投资过度组，最小的组定义为投资不足组，中间的为标准的参照组；第二，按照 Khan & Watts 模型计算出公司每年的会计稳健性指数（*C_Score*）；第三，构建以新投资规模为模型的因变量，会计稳健性指数、投资效率的虚拟变量以及两者的交叉变量和其他控制变量组成模型，检验会计稳健性对投资效率的影响。研究发现，会计稳健性对投资效率的影响具有两面性：一方面，在企业投资过度时能及时遏制企业投资规模，改善投资效率；另一方面，会计稳健性会加剧企业投资不足，恶化投资效率。进一步研究发现，非国有企业对中会计稳健性对投资效率这种非对称的作用表现得更敏感。最后，我们进一步检验了会计稳健性与投资效率这种非对称的影响是否反映在企业价值上。实证证明，会计稳健性是把"双刃剑"，一方面通过遏制投资过度的非效率行为提高了企业价值；另一方面通过加剧企业投资不足的行为降低了企业价值。

本章发现，会计稳健性在投资方面具有显著的经济后果，投资者、证券分析师以及政策制定部门，既要看到其在遏制投资过度方面的卓越表现，也要重视其加剧投资不足上的风险。

第六章

会计稳健性与营运资本管理

　　营运资本从会计的角度看是指流动资产与流动负债的净额。从财务角度看，营运资本是流动资产与流动负债关系的总和，包括流动资产与流动负债的数量以及所体现的财务关系。20 世纪 80 年代以来，随着经济全球化以及企业竞争的加剧，企业在追求战略创新、模式创新、流程创新、标准创新、观念创新、风气创新、结构创新、制度创新的同时，也不约而同地加强了企业内部管理，与此同时，营运资本管理的理论和实践也取得了迅速发展，逐渐成为财务管理体系中与投融资和股利政策同样重要的决策领域。国外大量研究表明，作为营运资本重要组成部分的流动资产和流动负债在各国上市公司资产负债表中占有很大比重（Mian & Smith，1992；Pike & Cheng，1998）。营运资本管理是否有效，将对企业的风险和收益产生重要影响，进而影响企业价值最大化目标的实现。公司的净营业周期①同公司的营利性以及股票投资回报之间存在显著的负相关关系（Hyun-Han Shin & Luc Soenen，1998）。马克·德洛夫（Marc Deloof，2003）选择了 1009 家比利时公司 1991~1996 年的数据为样本，分析发现总经营收益与应收账款周转天数、存货周转天数和应付账款周转天数之间，确实存在着显著的负相关关系。孔宁宁、张新民和吕娟（2009）使用 2004~2006 年中国沪深两市 519 家制造业上市公司作为研究样本，考察营运资本管理效率与公司盈利能力之间的关系。研究发现，公司盈利能力与反映营运资本管理效率的综合指标现金周期显著负相关，而且与现金周期的各组成部分应收账款周转期、存货

---

　　① 净营业周期（net operating cycle）系指企业现购存货在赊销后，到账款收回，再减除应付账款周转天数的整个周期，又称为现金循环或现金营业循环。净营业周期越短，说明企业的营运资本管理绩效越高。

周转期和应付账款周转期显著负相关。

然而，不管是传统的以流动资产周转率作为营运资金管理绩效评价方式，到现在的以营运资金周转期等更为综合的指标作为营运资金管理绩效评价方式，以及以供应链优化和管理为重心的营运资金管理方法（王竹泉、逄咏梅、孙建强，2007）[①]，对营运资本管理绩效的关注主要集中在营运资本管理绩效指标的衡量，而忽视了反映这些指标背后会计信息的内涵。会计稳健性要求，在会计处理上，对于收入、费用和损失的确认应持谨慎即稳健的态度，这有利于企业做出正确的经营决策，保护所有者和债权人的利益、提高企业在市场上的竞争力。在营运资本的计量上，应收账款、存货的减值计提、存货计价的成本与市价孰低法、或有负债等就是会计稳健性原则的体现。一方面，会计稳健性原则直接影响营运资本管理绩效的计量；另一方面，稳健性的会计信息也向其他利用相关者传递出企业经营状况以及管理人经营理念的信息，具有正的信号传递的作用。本章的内容就是研究会计稳健性与企业营运资本管理绩效之间的关系。通过以 2007～2009 年中国沪深 A 股上市公司的经验研究表明，会计稳健性与企业营运资本管理效率之间存在显著的正相关关系，这一研究结果首次提供了会计稳健性与营运资本管理效率相关性之间的经验证据，进一步深化了我们对会计稳健性经济后果的认识和理解。

一、制度背景与研究假说

会计稳健性与营运资本管理绩效的关系我们从两个方面进行考察：一是稳健性影响营运资本管理绩效的计量；二是稳健性信号传递功效。

（一）会计稳健性与营运资本管理绩效的评价

从会计理论上来讲，会计稳健性依赖于会计的权责发生制原则，权责发生制原则直接造成了应计收益（损失）和它与实际现金流入（流

---

① 王竹泉、逄咏梅、孙建强（2007）在回顾国内外营运资金管理研究的基础上，总结出营运资金管理的演进路线，即营运资金管理研究内容：从单独流动资产管理到整体营运资金管理；营运资金管理绩效评价：从流动资产周转率到营运资金周转期；营运资金管理方法：从单纯的数学方法转向以供应链优化和管理为重心。

出）的时间差；根据德肖、科萨里和沃茨（Dechow，Kothari & Watts，1998）的营运周期模型（DKW 模型），该模型将企业营运周期行为简化描述为营业盈余等于经营性应计加上经营现金流[①]，并指出当期正的应计将带来下期正的现金流入，负应计将带来负的现金流入，这说明稳健性对收益和损失的这种非对称的确认方式会对企业的经营资本管理绩效产生不同的经济后果。菲尔拜克和克鲁格（Filbeck & Krueger，2005）指出，营运资本管理的目标应该是保持各构成要素的最佳余额，有效管理应收账款、存货和应付账款。科利纳（Colina，2002）将营运资本管理分为三个部分：（1）收入管理（应收账款、订购程序、支付账单和收款）；（2）供应链管理（存货和物流）；（3）支出管理（购买和付款）。科利纳的这一论述使人们对营运资本管理的观念不再局限于资产负债表部分，而是扩展到公司经营的各个方面。无疑会计信息反映收入管理过程、供应链管理过程和支出管理的结构和数量越客观、合理，则营运资本管理的水平也就越高。王佐芳（2005）认为，在分析企业营运能力时考虑会计稳健性的影响，能够使企业营运能力分析的质量越高，进而提高企业营运资本的管理绩效。例如，在计算流动比率时将不能很快转变为现金的项目从流动资产中予以剔除（如呆账、坏账等），将可能发生的或有负债，如产品质量保证金、诉讼赔偿金等则要加入流动负债项目中。会计信息按信息使用者的需求不同，一般可以分为两类：一类是用来进行决策的信息，称为决策相关性信息，如企业的偿债能力、获利能力、资产营运能力和企业的发展能力等；另一类是用来考核、检查受托经管责任履行情况，了解企业经营目标完成效果的会计信息，称为目标相关性信息，如企业财务收支计划完成情况、目标利润的实现情况等。稳健性的营运指标能够增强营运能力指标的可靠性和相关性，为营运资本管理提供高质量的决策相关性信息，提高营运资本管理的绩效。

（二）资本市场与会计稳健性的信号传递

希利和帕利普（Healy & Palepu，2001）认为，代理问题是资本市

---

① 德肖、科萨里和沃茨（1998）的营运周期模型（DKW 模型）的基本假设包括：（1）销售金额（盈余）服从随机游走；（2）费用可包括固定或可变费用——但费用总额与销售额间的比例保持不变；（3）应计只包括当期的应收、应付与发生的存货费用，同时，暗含企业经营状况良好，不存在长期存货滞销等。

场中由于信息不对称所需要解决的主要问题。按照比弗（1989）的观点，会计信息决策有用性目标主要体现在以下两方面：一是估值有用性，即会计信息有利于投资者的估值决策，表现为会计信息的定价功能；二是契约有用性，即会计信息要有利于缔约，特别是投资者和管理者之间的缔约，表现为会计信息的治理功能。而稳健性的会计信息能够减少会计操纵的动机和机会，减少信息不对称问题及其损失，从而能够更充分地发挥会计信息的定价和治理功效。斯隆（Sloan，1996）发现，在过去30年的时间里，每年投资于会计政策最激进组，投资者在未来一年的持有期内规模调整的超额投资回报是 -5.50%；投资会计政策最稳健的组，未来一年的超额投资回报为 4.9%[①]。这说明会计稳健性通过缓解资本市场上的信息不对称带来了超额收益。会计稳健性反映在营运资本管理上，表现为由于资本市场上对稳健性会计信息的"溢价效应"，促使管理人员一方面通过采用稳健的会计政策，传递营运资本管理稳健性的信息；另一方面，稳健性的原则要求管理者加强营运资本管理的绩效，从而实现超额收益。

通过上面的分析可以看出，会计稳健性一方面通过影响营运资本管理绩效评价指标的结构和内容，提高营运资本管理绩效评价指标的质量，从而改善了营运资本管理绩效；另一方面，稳健的会计信息通过强化会计信息在营运资本定价和治理方面的功效，调整了资本市场各参与方的激励约束函数，从而影响到企业营运资本管理绩效。因此，本章要研究的假设为：

H：在控制其他影响营运资本管理绩效的条件下，会计稳健性与企业营运资本管理绩效呈正相关关系。

二、研究设计

（一）样本选择与数据来源

本章以深市和沪市 2007～2009 年所有 A 股上市公司为研究对象。样本的选取主要遵循以下三个原则：（1）数据完备，相关参数可以计

---

① 关于会计稳健性带来超额收益，其他学者采用不同的方法也得到了大致相同的结论，如彭曼和张（2002）发现，激进组和稳健组超额回报 -3.17% 和5.78%；列弗等（2005）的结论为 -5.30% 和 4.9%；李远鹏、牛建军（2007）的结论为 3.9% 和 5.1%。

算；（2）剔除金融类公司；（3）剔除当年 IPO 的公司。基于上述原则，最终样本总量为 3 416 家公司年，按照中国证监会 2001 年公布的《上市公司行业分类指引》，样本行业分布如下：农林牧渔业 74 家、采掘业 50 家、制造业 1 957 家、电力煤气及水的生产和供应业 153 家、建筑业 69 家、交通运输及仓储业 150 家、信息技术业 205 家、批发和零售贸易 243 家、房地产业 184 家、社会服务业 107 家、传播与文化产业 23 家、综合类 201 家。其中，制造业中食品饮料 153 家、纺织服装 147 家、木材家具 3 家、造纸印刷 63 家、石化塑胶 372 家、电子 110 家、金属非金属 314 家、机械设备 531 家、医药生物 223 家、其他制造业 41 家。

从表 6 - 1 可以看出，2007 年样本数为 1 140 家，2008 年为 1 147 家，2009 年为 1 129 家，各年样本数差别不大。从企业性质来看，样本中国有企业为 2 318 家，占总样本的 67.86%。

表 6 - 1 　　　　　　　　　　样本分布　　　　　　　　　单位：家，%

PanelA：样本年度分布

年度	2007	2008	2009	全部样本
样本量	1 140	1 147	1 129	3 416
占全样本比率	33.37	33.58	33.05	100

PanelB：样本企业性质分布

企业性质	国有企业	非国有企业	全部样本
样本量	2 318	1 098	3 416
占全样本比率	67.86	32.14	100

数据来源：除企业性质取自色诺芬数据库外（CCER），其他数据均取自国泰安数据库（CSMAR），且对主要指标在 1% 分位数和 99% 分位数进行了 Winsorize 处理，使用的统计软件为 SAS9.0。

（二）模型设计与变量定义

1. 模型设计

本章拟构建多元回归模型（6.1）来研究会计稳健性对营运资本管理绩效的影响。模型的因变量 *Performance* 为营运资本管理效率的指标，包括营运资金周转期（*DWC*）和营运资本生产率（*WCP*）。自变量 *Conservatism* 为会计稳健性的度量指标，本章拟分别采用卡恩和沃茨

（2007）的会计稳健性指数（C_Score）和吉弗里和海因（2000）的累计应计项（ACC）来计算会计稳健性，其他为控制变量。各变量中的 i 表示公司，t 表示年度，模型（6.1）如下所示。

$$Performance_{i,t} = \beta_0 + \beta_1 Conservatism_{i,t} + \beta_2 \text{Ln}Size_{i,t} + \beta_3 Lev_{i,t} +$$

$$\beta_4 Growth_{i,t} + \beta_5 State_{i,t} + \sum_{n=6}^{7} \beta_n Year_{i,t} +$$

$$\sum_{n=8}^{27} \beta_n Industy_{i,t} + \xi_{i,t} \qquad (6.1)$$

我们通过模型（6.1）中会计稳健性的系数 β_1 的符号和显著性来判断会计稳健性与营运资本管理绩效之间的相关性。

2. 变量定义

（1）因变量——营运资本管理效率（working capital management performance，WCMP）。

如何衡量公司营运资本管理效率，在财务评价指标体系中可以找到很多，如应收账款周转率、存货周转率、流动资产周转率等，但全面反映公司营运资本管理效率且在实务中广泛实用的指标主要有两种：一是营运资金周转期；二是营运资本生产率。

第一，营运资金周转期（Days of Working Capital，DWC）。

早期的营运资本管理效率评价多采用流动资产周转率（或周转期）指标进行评价，主要衡量企业各项流动资产的周转效率。常用指标有存货周转率（或周转期）、应收账款周转率（或周转期）等。由于这些指标只能孤立地考察营运资金中流动资产部分的管理状况，忽视对这些项目之间内在联系的考察，因而导致企业在应用这些指标时经常出现冲突和矛盾。同时，这些指标根本没有涉及营运资金中的流动负债部分，所以很难从总体上把握存货、应收账款、应付账款周转及其变化对营运资金的具体影响程度，难以判断营运资金策略变化或调整在某一比率上的改善能否抵消在其他比率上造成的恶化。鉴于使用单纯的流动资产周转率衡量营运资本管理效率的局限性，德洛夫（2003）、拉扎里迪斯（Lazaridis & Tryfonidis，2006）、加西亚－特鲁埃尔和马丁内斯－索拉诺（Garcia－teruel & Martinez－solano，2007）等使用现金周期作为营运资本管理效率的衡量指标。现金周期是企业在经营中从付出现金到收到现金所需的平均时间。现金周期（DWC）是衡量营运资本管理效率的综合指标，反映了企业营运资金管理状况的全貌，可以分解为三个组成部分，即：

现金周期（DWC）＝应收账款周转期（DSO）＋存货周转期（DIO）－应付账款周转期（DPO）

其中：

应收账款周转期（DSO）＝[（期初应收票据＋期初应收账款＋期末应收票据＋期末应收账款）×365]/[2×营业收入]

存货周转期（DIO）＝[（期初存货＋期末存货）×365]/[2×营业成本]

应付账款周转期（DPO）＝[（期初应付票据＋期初应付账款＋期末应付票据＋期末应付账款）×365]/[2×营业成本]

美国 REL 咨询公司和 CFO 杂志 1997 年即开始对美国最大的 1 000 家企业进行营运资金调查，最初采用营运资金周转期、变现效率（Cash Conversion Efficiency，CCE）两个指标对企业进行排名。2003 年以后，该调查改用营运资金周转期（DWC = DSO + DIO − DPO）对企业营运资金管理绩效进行排名，这一调查对美国企业的营运资金管理产生了十分重要的影响。因此，我们将基于要素的营运资金周转期作为营运资本管理效率的评价指标之一。为了统一各变量的量纲，模型（6.1）中我们取营运资金周转期的自然对数。

第二，营运资本生产率（working capital productivity，WCP）。

营运资本生产率是由波士顿咨询公司（BCG）提出的，它是被用来衡量公司营运资本管理效率和业绩水平的综合指标。其计算公式如下：

营运资本生产率（WCP）＝销售净额/年度平均营运资本额

其中，年度平均营运资本额用应收账款年度平均额加上存货年度平均额减去应付账款年度平均额表示。

营运资本生产率是度量公司总体运营绩效的一种简单而有效的指标，根据波士顿咨询公司对来自欧洲、日本和北美不同行业的 500 家公司的调查，发现营运资本生产率每提高一倍，以人均销售额定义的劳动生产率就会增加 20 ~ 60 个百分点。营运资本生产率简单和实用的特点得到了实务界广泛的认可与运用，因此，我们同时使用该指标作为营运资本管理效率的评价指标之一。

（2）自变量——会计稳健性的计算（accounting conservatism）。

会计稳健性我们仍然采用第四章中的度量方法：一是卡恩和沃茨（2007）模型构建的会计稳健性指数（C_Score）；二是吉弗里和海因（2000）通过累计应计项测量稳健性（ACC）。

（3）控制变量。

第一，公司规模（LnSize）。国内外相关研究表明，公司规模可以影响组织结构和决策能力，进而影响营运资本管理效率，因此本章把公司规模作为控制变量纳入模型中。约瑟、兰卡斯特和史蒂文斯（Jose、Lancaster & Stevens，1996）发现，规模较大的企业趋向于获得更多的利润和更短的现金周期。本章研究会计稳健性与营运资本管理效率的相关性，因此使用销售收入来控制公司规模和市场需求对营运资本管理效率的影响，考虑到年度销售收入的数值较大，对其取自然对数以减小公司之间销售收入差距，使数据更接近正态分布。

第二，财务杠杆（Lev）。财务杠杆的高低反映公司的财务风险程度。巴顿和戈登（Barton & Gordon，1998）的研究发现，财务杠杆反映了债权人和股东对公司的影响程度，债权人与股东对营运资本风险的不同偏好决定了营运资本的结构和管理绩效。本章在控制变量中引入财务杠杆，以控制不同财务状况对营运资本管理效率的影响，财务杠杆用资产负债率表示，由于外部债务融资主要集中于借款和发行债券，使用金融负债率（［短期借款＋长期借款＋应付债券］/期末资产总额）作为资产负债率，没有把经营负债包括在内。

第三，成长性（Growth）。成长性反映公司的发展速度和经营管理能力，从纵向角度体现公司的营运资本管理绩效。成长性我们用销售增长率表示，即：

$$成长性 = ［本年营业收入/上年营业收入］ -1$$

第四，企业性质（State）。大量的研究表明，营运资本管理效率与公司融资的便利程度、管理者的风险偏好等密切相关。不言而喻，国有企业与非国有企业之间融资条件、对管理者的激励与约束等方面都存在着显著差异。正因如此，中国的国有企业成为研究中国特色市场经济的重要组成部分。本章设置企业性质这一虚拟变量以控制不同企业性质对营运资本管理效率的影响，当企业为国有企业时，该变量取值为1，否则为 0。

第五，其他控制变量。王竹泉等（2007，2009，2010）分别采用基于要素的营运资金周转期和基于渠道的营运资金周转期作为营运资本管理效率的替代变量，发现不同行业和年度间营运资本管理效率存在显著差异，因此，本章分别加入年度（$Year$）和行业（$Industy$）两个控制变量。其中，年度控制变量为 2007 ~ 2009 年，设 2 个年度虚拟变量；行业控制变量以中国证监会 2001 年 4 月 4 日公布的《上市公司行业分类指引》为基础，剔除金融行业以及将制造业采用二级分类，共分为 21 个行业，设 20 个行业虚拟变量。主要变量如表 6 - 2 所示。

表 6 - 2　　　　　　　　　　　变量定义

变量名		符号	定义及取值
营运资本管理效率	营运资金周转期	DWC	营运资金周转期的自然对数。营运资金周转期（DWC）= 应收账款周转期（DSO）+ 存货周转期（DIO）- 应付账款周转期（DPO） 其中：应收账款周转期（DSO）=［（期初应收票据 + 期初应收账款 + 期末应收票据 + 期末应收账款）×365］/［2 × 营业收入］； 存货周转期（DIO）=［（期初存货 + 期末存货）×365］/［2×营业成本］； 应付账款周转期（DPO）=［（期初应付票据 + 期初应付账款 + 期末应付票据 + 期末应付账款）×365］/［2 × 营业成本］
	营运资本生产率	WCP	营运资本生产率（WCP）= 销售净额/年平均营运资本额 其中：年度平均营运资本额 = 应收账款年度平均额 + 存货年度平均额 - 应付账款年度平均额
会计稳健性	会计稳健性指数	C_Score	根据卡恩和沃茨（2007）模型计算，详见第四章
	累计应计	ACC	根据吉弗里和海因（2000）模型计算，详见第四章
公司规模		LnSize	取营业收入的自然对数
财务杠杆		Lev	资产负债 =（［短期借款 + 长期借款 + 应付债券］/期末资产总额）
成长性		$Growth$	用营业收入的增长率表示。 成长性 =［本年营业收入/上年营业收入］- 1

变量名	符号	定义及取值
企业性质	*State*	虚拟变量。当企业为国有性质时，该变量取值为1，否则为0
年度	*Year*	年度虚拟变量。设2个年度虚拟变量
行业	*Industy*	行业虚拟变量。以中国证监会2001年4月4日公布的《上市公司行业分类指引》为基础，剔除金融行业以及将制造业采用二级分类，共分为21个行业，设20个行业虚拟变量

（三）描述性统计

从表6-3中营运资本管理效率两个指标的描述性统计结果来看，营运资金周转期（*DWC*）的均值为4.127，最大值和最小值的极差为7.49。营运资本生产率（*WCP*）的均值则为2.733，而极差为14.482，标准差也高达2.733，均大于营运资金周转期。从会计稳健性两个指标来看，会计稳健性指数（*C_Score*）的均值为0.097，累计应计项（*ACC*）的均值0.065，均大于0，统计检验显示两指标的均值都在1%的水平下显著大于0（*C_Score*均值等于0检验的 t 值为26.36，P 值小于0.0001；*ACC*均值等于0检验的 t 值为16.98，P 值小于0.0001），说明2007～2009年新会计准则中公允价值的运用并没有改变上市公司会计稳健性的整体属性，上市公司会计信息总体上呈现出显著的稳健性特征。

表6-3　　　　　　　　　　　主要变量的描述性统计

变量	样本量	均值	标准差	最小值	Q1	中位数	Q3	最大值
DWC	3416	4.127	1.824	0.850	3.207	4.375	5.282	8.340
WCP	3416	2.733	2.378	0.098	1.168	2.094	3.483	14.580
C_Score	3416	0.097	0.215	-0.160	-0.011	0.009	0.100	0.960
ACC	3416	0.065	0.225	-0.900	-0.029	0.084	0.198	0.660
LnSize	3416	21.018	1.510	16.100	20.164	21.043	21.908	24.800
Lev	3416	0.166	0.184	0.000	0.017	0.097	0.269	0.770
Growth	3416	0.225	0.759	-0.820	-0.065	0.105	0.289	5.290
State	3416	0.679	0.467	0.000	0.000	1.000	1.000	1.000

（四）相关性分析

从表6-4中的相关性分析来看，营运资金周转期与营运资本生产率不管是 *Pearson* 相关系数还是 *Spearman* 相关系数都小于0，分别为 -0.575和 -0.737，且都在1%的显著性水平下显著，这也说明了营运资金周转期是负指标，即营运资金周转期越短，企业营运资本管理效率越高；而营运资本生产率则是一个正指标，营运资本生产率越大，企业营运资本管理效率越高；从会计稳健性的两个指标来看，会计稳健性指数与累计应计项不管是 *Pearson* 相关系数还是 *Spearman* 相关系数都大于0，分别为0.041和0.050，且都至少在5%的显著性水平下显著，这也相互验证了这两个指标的合理性。

表6-4　　　　　　　　　　　　主要变量相关性分析

	DWC	WCP	C_Score	ACC	LnSize	Lev	Growth	State
DWC	1	-0.575 (<0.0001)	0.027 (0.1109)	-0.295 (<0.0001)	-0.285 (<0.0001)	-0.035 (0.0394)	0.008 (0.6399)	-0.163 (<0.0001)
WCP	-0.737 (<0.0001)	1	-0.046 (0.0070)	0.178 (<0.0001)	0.342 (<0.0001)	-0.025 (0.1465)	0.058 (0.0007)	0.130 (<0.0001)
C_Score	0.102 (<0.0001)	-0.129 (<0.0001)	1	0.041 (0.0155)	-0.330 (<0.0001)	0.075 (<0.0001)	-0.039 (0.0227)	-0.089 (<0.0001)
ACC	-0.307 (<0.0001)	0.234 (<0.0001)	0.050 (0.0032)	1	0.001 (0.9931)	0.024 (0.1656)	-0.099 (<0.0001)	0.095 (<0.0001)
LnSize	-0.353 (<0.0001)	0.468 (<0.0001)	-0.509 (<0.0001)	-0.029 (0.0944)	1	0.117 (<0.0001)	0.112 (<0.0001)	0.292 (<0.0001)
Lev	-0.017 (0.3073)	-0.001 (0.9763)	-0.081 (<0.0001)	0.042 (0.0152)	0.192 (<0.0001)	1	0.064 (0.0002)	0.058 (0.0007)
Growth	-0.065 (0.0001)	0.173 (<0.0001)	-0.091 (<0.0001)	-0.041 (0.0162)	0.244 (<0.0001)	0.090 (<0.0001)	1	0.003 (0.8507)
State	-0.181 (<0.0001)	0.181 (<0.0001)	-0.139 (<0.0001)	0.070 (<0.0001)	0.270 (<0.0001)	0.099 (<0.0001)	0.046 (0.0072)	1

注：右上角为 Pearson 相关系数，左下角为 Spearman 相关系数，括号内为 p 值。

从营运资本管理效率与会计稳健性的相关系数来看，营运资金周转

期与累计应计项的 Pearson 相关系数和 Spearman 相关系数分别为
−0.295和−0.307，且都在1%的显著性水平下显著，说明在没有控制
其他影响因素下，营运资金周转期与累计应计项负相关，即累计应计项
测度的会计稳健性越大，营运资金周转期越短，企业营运资本管理效率
越高。同时，营运资本生产率与累计应计项的 Pearson 相关系数和
Spearman 相关系数分别为0.178 和0.234，也都在1%的显著性水平下
显著，说明在没有控制其他影响因素下，营运资本生产率与累计应计项
正相关，即累计应计项测度的会计稳健性越大，营运资本生产率也越
高，意味着企业营运资本管理效率越高。

值得注意的是，营运资本管理效率与会计稳健性指数的相关系数的
符号则与预期相反，在多元回归模型中，我们将在控制其他影响营运资
本管理效率的因素下，研究营运资本管理效率与该指标的关系。同时，
其他控制变量与营运资金周转期和营运资本生产率的相关系数的结果都
较好，显著性也比较高。

三、实证结果与分析

（一）营运资本管理效率与会计稳健性的多元回归分析

表6–5 报告了营运资本管理效率与会计稳健性指数的多元回归结
果。在模型（6.2）中，营运资本管理绩效用营运资金周转期表示，回
归结果显示，会计稳健性指数的系数为−0.645，且在1%的水平下通
过了显著性检验。说明在控制了其他影响营运资金周转期的因素下，会
计稳健性指数越高，营运资金周转期越短，即：会计稳健性指数越高，
营运资本管理绩效越高，这一结论与我们的假设一致。模型（6.2）中
的膨胀因子均小于10，说明模型（6.2）不存在变量共线性问题，同时
该模型调整后的判定系数为0.28，F 值为50.270，说明模型回归系数
的可信度较高。

在模型（6.3）中，营运资本管理绩效用营运资本生产率表示，回
归结果显示，会计稳健性指数的系数为1.235，且在1%的水平下通过
了显著性检验。说明在控制了其他影响营运资本生产率的因素下，会
计稳健性指数越高，营运资本生产率也越高，即：会计稳健性指数越高，
营运资本管理绩效越高，与模型（6.2）的结论相同。同样，模型（6.3）

表 6 - 5　　　　　营运资本管理效率与会计稳健性指数回归结果

$$DWC_{i,t} = \beta_0 + \beta_1 C\_Score_{i,t} + \beta_2 LnSize_{i,t} + \beta_3 Lev_{i,t} + \beta_4 Growth_{i,t} + \beta_5 State_{i,t} + \sum_{n=6}^{7} \beta_n Year_{i,t} +$$

$$\sum_{n=8}^{27} \beta_n Industy_{i,t} + \xi_{i,t} \tag{6.2}$$

	系数	T 值	P 值	膨胀因子
常数项	10.855 ***	24.39	< 0.0001	0
C_Score	- 0.645 ***	- 3.49	0.001	2.243
LnSize	- 0.309 ***	- 14.39	< 0.0001	1.499
Lev	0.360 **	2.22	0.027	1.266
Growth	- 0.022	- 0.61	0.539	1.056
State	- 0.115 *	- 1.90	0.058	1.152
年度	控制			
行业	控制			
样本量	3 416			
Adj R-Sq	0.280			
F 值	50.270 ***			

$$WCP_{i,t} = \beta_0 + \beta_1 C\_Score_{i,t} + \beta_2 LnSize_{i,t} + \beta_3 Lev_{i,t} + \beta_4 Growth_{i,t} + \beta_5 State_{i,t} + \sum_{n=6}^{7} \beta_n Year_{i,t} +$$

$$\sum_{n=8}^{27} \beta_n Industy_{i,t} + \xi_{i,t} \tag{6.3}$$

	系数	T 值	P 值	膨胀因子
常数项	- 9.507 ***	- 16.66	< 0.0001	0
C_Score	1.235 ***	5.22	< 0.0001	2.243
LnSize	0.585 ***	21.26	< 0.0001	1.499
Lev	- 1.587 ***	- 7.62	< 0.0001	1.266
Growth	0.150 ***	3.27	0.0011	1.056
State	- 0.039	- 0.51	0.6109	1.152
年度	控制			
行业	控制			
样本量	3 416			
Adj R-Sq	0.3035			
F 值	56.12 ***			

　　注：*** 、** 、* 分别表示 1% 、5% 、10% 的显著性水平。模型（6.2）中营运资本管理绩效用营运资金周转期表示，会计稳健性指标用会计稳健性指数表示；模型（6.3）中营运资本管理绩效用营运资本生产率表示，会计稳健性指标用会计稳健性指数表示。

中的膨胀因子也远小于10，最大的也只有2.243，说明模型（6.3）也不存在变量共线性问题，同时该模型调整后的判定系数为0.3035，F值为56.12，说明模型（6.3）的解释能力要高于模型（6.2）。

总的来说，通过多元回归分析结果显示，不管是用营运资金周转期表示营运资本管理效率，还是用营运资本生产率表示的营运资本管理效率，都与会计稳健性指数呈现出显著的正相关关系，即会计稳健性指数越大，企业营运资本管理效率越高。

表6-6报告了营运资本管理效率与会计稳健性的另一替代指标——累计应计项多元回归结果。在模型（6.4）中营运资本管理绩效用营运资金周转期表示，回归结果显示，累计应计项的系数为-1.632，且在1%的水平下通过了显著性检验。该结果与模型（6.2）中会计稳健性指数系数的符号相同，均小于0，说明在控制了其他影响营运资金周转期的因素下，累计应计项与营运资金周转期之间的关系和会计稳健性指数与营运资金周转期之间的关系相同，即：累计应计项越大，营运资金周转期越短，表明营运资本管理绩效越高。模型（6.4）中的膨胀因子也都远小于10，最大的仅为1.219，说明模型（6.4）也不存在变量之间共线性的问题，同时该模型调整后的判定系数为0.3138，F值为58.84，均要高于模型（6.2），说明在相同条件下用累计应计项作为会计稳健性的度量指标的解释能力要高于用会计稳健性指数。

表6-6　　　　营运资本管理效率与累计应计项回归结果

$$DWC_{i,t} = \beta_0 + \beta_1 ACC_{i,t} + \beta_2 LnSize_{i,t} + \beta_3 Lev_{i,t} + \beta_4 Growth_{i,t} + \beta_5 State_{i,t} + \sum_{n=6}^{7} \beta_n Year_{i,t} +$$
$$\sum_{n=8}^{27} \beta_n Industy_{i,t} + \xi_{i,t} \tag{6.4}$$

	系数	T 值	P 值	膨胀因子
常数项	10.419 ***	26.41	<0.0001	0
ACC	-1.632 ***	-13.34	<0.0001	1.133
LnSize	-0.288 ***	-15.23	<0.0001	1.215
Lev	0.320 **	2.06	0.0398	1.219
Growth	-0.062 *	-1.76	0.0779	1.061
State	-0.058	-0.97	0.331	1.158

续表

年度	控制
行业	控制
样本量	3 416
Adj R-Sq	0.3138
F 值	58.84 ***

$$WCP_{i,t} = \beta_0 + \beta_1 ACC_{i,t} + \beta_2 LnSize_{i,t} + \beta_3 Lev_{i,t} + \beta_4 Growth_{i,t} + \beta_5 State_{i,t} + \sum_{n=6}^{7}\beta_n Year_{i,t} +$$

$$\sum_{n=8}^{27}\beta_n Industy_{i,t} + \xi_{i,t} \tag{6.5}$$

	系数	T 值	P 值	膨胀因子
常数项	− 8.396 ***	− 16.24	< 0.0001	0
ACC	1.061 ***	6.62	< 0.0001	1.133
LnSize	0.530 ***	21.43	< 0.0001	1.215
Lev	− 1.420 ***	− 6.97	< 0.0001	1.219
Growth	0.182 ***	3.96	< 0.0001	1.061
State	− 0.078	− 1.00	0.3162	1.158
年度	控制			
行业	控制			
样本量	3 416			
Adj R-Sq	0.3069			
F 值	57.01 ***			

注：***、**、*分别表示1%、5%、10%的显著性水平；模型（6.4）中营运资本管理绩效用营运资金周转期表示，会计稳健性指标用累计应计项表示；模型（6.5）中营运资本管理绩效用营运资本生产率表示，会计稳健性指标用累计应计项表示。

在模型（6.5）中，营运资本管理绩效用营运资本生产率表示，回归结果显示，累计应计项的系数为1.061，且在1%的水平下通过了显著性检验。说明在控制了其他影响营运资本生产率的因素下，累计应计项越大，营运资本生产率也越高，即：累计应计项越大，营运资本管理绩效越高，与模型（6.3）的结论相同，只是模型（6.5）中累计应计项的系数1.061比模型（6.3）中会计稳健性指数的系数1.235要略小些。模型（6.5）中变量的膨胀因子最大的只有1.219，远小于10，说明模型（6.5）不存在变量之间共线性的问题，同时该模型调整后的判定系数为 0.3069，*F* 值为 57.01，都略高于模型（6.3），说明模型（6.5）的解释能力比模型（6.3）要略好些。

同样，通过多元回归分析结果显示，不管是用营运资金周转期表示营运资本管理效率，还是用营运资本生产率表示的营运资本管理效率，都与累计应计项呈现出显著的正相关关系，即累计应计项越大，企业营运资本管理效率越高。

上面的分析结果表明，不管是用营运资金周转期表示营运资本管理效率，还是用营运资本生产率表示的营运资本管理效率，都与会计稳健性指数表示的会计稳健性和累计应计项表示的会计稳健性呈现出显著的正相关关系，即：会计信息越稳健，企业营运资本管理效率越高，实证研究的结论和我们的假设一致。

（二）营运资金周转期各组成部分与会计稳健性的多元回归分析

为了进一步研究营运资金周转期各组成部分与会计稳健性的关系，我们将营运资本管理绩效分别用营运资金周转期各组成部分——应收账款周转期、存货周转期和应付账款周转期表示，再分别同会计稳健性指数和累计应计项表示的会计稳健性进行多元回归。表 6-7 报告了营运资金周转期各组成部分与会计稳健性指数多元回归结果。可以看出，应收账款周转期、存货周转期和应付账款周转期与会计稳健性指数的回归系数分别为 -0.560、-0.668 和 -0.490，且都在 1% 的显著性水平下通过了统计检验。说明在控制了其他影响因素的条件下，会计稳健性指数与应收账款周转期、存货周转期和应付账款周转期都呈现出显著的负相关关系。结合前面的分析，会计稳健性指数与营运资金周转期的负相关关系，不是通过缩短应收账款周转期和存货周转期、延长应付账款周转期来实现了，而是同时缩短了应收账款周转期、存货周转期和应付账款周转期，只不过应收账款周转期和存货周转期缩短的幅度要大于应付账款周转期缩短的幅度（从回归系数的大小也可以得出以上结论，应付账款周转期系数的绝对值 0.490 分别小于应收账款周转期系数绝对值 0.560 和存货周转期系数绝对值 0.668），说明稳健性会计信息在缩短应收账款周转期和存货周转期的同时，也缩短了应付账款周转期（DPO）。该结果与孔宁宁、张新民和吕娟（2009）在研究营运资本管理效率与公司盈利能力的关系时的结果类似，即他们发现公司盈利能力与反映营运资本管理效率的综合指标现金周期显著负相关，而且与现金周期的各组成部分——应收账款周转期、存货周转期和应付账款周转期显著负相关。说明稳健性的会计信息促使企业缩短应付账款周转期也能够提升公司的盈利能力。

表 6 – 7　　营运资金周转期各组成部分与会计稳健性指数回归结果

	应收账款周转期		存货周转期		应付账款周转期	
	系数	T 值	系数	T 值	系数	T 值
常数项	11.736 ***	33.51	11.372 ***	35.33	8.932 ***	36.57
C_Score	− 0.560 ***	− 3.92	− 0.668 ***	− 5.08	− 0.490 ***	− 4.91
LnSize	− 0.414 ***	24.6	− 0.310 ***	− 20.08	− 0.244 ***	− 20.83
Lev	0.353 ***	2.85	0.649 ***	5.7	0.909 ***	10.52
Growth	− 0.161 ***	− 5.87	− 0.003	− 0.11	− 0.081 ***	− 4.2
State	− 0.001	− 0.03	− 0.030	− 0.71	0.062 *	1.92
年度	控制		控制		控制	
行业	控制		控制		控制	
样本量	3 416		3 416		3 416	
Adj R-Sq	0.375		0.384		0.211	
F 值	75.840 ***		78.960 ***		34.400 ***	

注：*** 、* 分别表示 1%、10% 的显著性水平；该模型中营运资本管理绩效分别用营运资金周转期各组成部分——应收账款周转期、存货周转期和应付账款周转期表示，会计稳健性指标用会计稳健性指数表示。

表 6 – 8 报告了营运资金周转期各组成部分与累计应计项多元回归结果。同表 6 – 7 的结果一致，应收账款周转期、存货周转期和应付账款周转期与累计应计项的回归系数分别为 − 0.502、 − 1.001 和 − 0.042，系数的符号和彼此之间的大小关系都与会计稳健性指数的回归结果一致。值得注意的是，应收账款周转期和存货周转期都在 1% 的显著性水平下通过了显著性检验，而应付账款周转期未能通过显著性检验。同时，整体上累计应计项作为会计稳健性指标的回归模型的解释能力要略高于会计稳健性指数的回归模型。表 6 – 8 的结果也说明稳健性会计信息在缩短应收账款周转期和存货周转期的同时，也缩短了应付账款周转期，说明稳健性越高的企业还款周期也越短，但相对表 6 – 7 中的结果而言，表 6 – 8 的结果表明，在缩短应付账款周转期方面，不管

从应付账款周转期的系数绝对值的大小还是从显著性上都要弱一些。

表6-8 营运资金周转期各组成部分与累计应计项回归结果

	应收账款周转期		存货周转期		应付账款周转期	
	系数	T 值	系数	T 值	系数	T 值
常数项	11.214 ***	35.51	10.804 ***	37.74	8.420 ***	38.03
ACC	-0.502 ***	-5.21	-1.001 ***	-11.47	-0.042	-0.62
LnSize	-0.388 ***	-25.81	-0.282 ***	-20.72	-0.219 ***	-20.77
Lev	0.285 **	2.35	0.588 ***	5.35	0.829 ***	9.73
Growth	-0.175 ***	-6.38	-0.028	-1.13	-0.084 ***	-4.38
State	0.014	0.29	0.000	0	0.063 *	1.95
年度	控制		控制		控制	
行业	控制		控制		控制	
样本量	3 416		3 416		3 416	
Adj R-Sq	0.377		0.403		0.2054	
F 值	76.540 ***		85.32 ***		33.28 ***	

　　注：*** 、** 、* 分别表示1%、5%、10%的显著性水平，该模型中营运资本管理绩效分别用营运资金周转期各组成部分——应收账款周转期、存货周转期和应付账款周转期表示，会计稳健性指标用累计应计项表示。

四、研究结论

　　本章以中国沪市和深市2007~2009年A股上市公司为研究对象，分别采用营运资金周转期和营运资本生产率作为营运资本管理绩效的替代变量，采用卡恩和沃茨（2007）会计稳健性指数和吉弗里和海因（2000）累计应计项作为会计稳健性的替代变量，构建了会计稳健性与营运资本管理绩效的多元回归模型。研究发现：（1）不管是用营运资金周转期表示营运资本管理效率，还是用营运资本生产率表示的营运资本管理效率，都与会计稳健性指数表示的会计稳健性和累计应计项表示的会计稳健性呈现出显著的正相关关系，即：会计信息越稳健，企业营运资本管理效率越高；（2）通过对营运资金周转期的进一步详细分析，发现稳健性会计信息在缩短应收账款周转期和存货周转期的同时，也缩短了应付账款周转期。本章对会计稳健性与营运资本管理绩效的相关性研究在国内外还属首次，该研究进一步深化了我们对会计稳健性经济后果的认识和理解。

本章的研究对促进中国上市公司通过加强营运资本管理绩效具有重要的指导意义。（1）通过采取稳健性的营运资本管理绩效评价指标，加强营运资本管理水平。稳健性原则针对营运资本管理活动中的不确定性因素，要求在会计核算处理和指标的计算上充分估计到风险和损失，尽量少计或不计可能发生的收益，以应对外部经济环境的变化对营运资本的管理，把风险损失缩小或限制在较小的范围内。在营运资本能力分析过程中，同一财务分析指标往往有多种计算方法，从而可能得出不同的结果，反映出不同的经济信息。本章的研究表明，采用稳健的营运资本管理绩效的计量方式，能够使得管理人员更加充分、及时地发现和防范营运资本管理过程中的风险，从而可以提高营运资本管理绩效。

（2）利用会计稳健性信息传递作用，合理安排商业信用。营运资本持有量的高低，影响着企业的收益和风险。较高的营运资本持有量，使企业有较大把握按时支付到期债务，及时供应生产用材料和准时向客户提供产品，从而保证经营活动平稳地进行，风险性较小。但是，由于流动资产的收益性一般低于固定资产，较高的营运资本持有量会降低企业的收益性；而较低的营运资本持有量带来的后果正好相反，企业的收益率较高，风险也较大。研究表明，会计信息更加稳健的企业更容易获得商业信用、短期贷款，同时应收账款、存货的周转期也越短，因此，稳健性程度较高的企业，可以适当减少营运资本持有量，在权衡风险与收益的前提下，实现营运资本管理绩效最大化。

第七章

会计稳健性与企业股利分配

　　股利政策一直是财务学上争论的主题之一，财务学者发展了不同的理论尝试来解释为何公司发放或不发放股利、发放多少股利以及股利的发放方式。在股利分配对公司价值的影响这一问题上，存在不同的观点，主要有股利无关论和股利相关论。股利无关论认为在完美的市场中[①]，股利政策对公司的股价及资金成本无法产生任何影响，公司的价值完全决定于其基本获利能力与经营风险，而非决定于股利政策。然而遗憾的是，像 MM（1961）那样的完美市场在现实中并不常见，市场摩擦以及交易成本总是很难完全避免，因此也就产生了股利政策的其他解释理论，如信号传递理论（John & Williams，1985；Miller & Rock，1985）、代理理论（Easterbrook，1984；Jensen，1986）以及利益输送假说（Johnson，La Porta & Shleifer，2000；Lee & Xiao，2004）等。以往的相关研究也都集中在影响股利政策的因素上，如公司成长机会（Jensen，1976；Copeland & Weston，1987）、公司规模（Chang & Rhee，1990；MahMoud et al.，1995）、公司盈利水平（Fama & French，2001）以及股权特征（唐跃军，2009；王毅辉和李常青，2010）等。为了防止上市公司只圈钱而不分红或少分红，从而损害投资者利益，证监会规定，在上市公司申请再融资时，最近三年以现金方式累计分配的利润不少于最近三年实现的年均可分配利润的 30%。本章则研究会计稳健性如何通过股利政策发挥其治理作用。

---

　　① 根据 MM（1961）推导模型，完美市场是指符合以下条件：（1）没有公司税、个人所得税存在；（2）没有股票发行成本或交易成本存在；（3）财务杠杆若能影响资金成本，其影响亦非常有限；（4）不会影响到公司的权益成本；（5）公司的投资政策与股利政策彼此独立。

一、制度背景与研究假说

　　一般认为，委托代理问题包括以下三个方面：一是股东和债权人之间的代理问题；二是股东和经营者之间的代理问题；三是大股东和中小股东之间的代理问题。由于中国上市公司大股东往往拥有公司的经营权利，因此，我们主要沿着大股东与中小股东以及股东与债权人两条途径来分析会计稳健性与股利政策的作用机制。

（一）会计稳健性、股利政策与中小股东权益保护

　　上市公司适度分红是保护投资者利益的一个重要体现。拉波尔塔等（La Porta et al.，2000）和法乔等（Faccio et al.，2001）研究认为，现金股利是保护中小投资者的一种机制。施莱费尔和维西尼（Shleifer & Vishny，1997）认为，大股东或控股股东控制公司会产生两种效应：激励效应和侵害效应。激励效应即相对集中的股权可以解决"搭便车"的问题，大股东有动机、也有能力去监督公司的管理者，降低代理成本；侵害效应即当法治不健全、大股东的控制权缺乏监督和制约时，大股东就有可能利用手中的权力为自己谋取私人收益。具体而言，控股股东的控制权越大，剥削其他股东的诱因也越大（Claessens et al.，2000）。而代理理论认为，股利可以有效降低大股东或控股股东与中小股东之间的代理成本，进而提升股价。因为股利的支付减少了大股东操纵的公司自由现金流，这迫使公司必须寻求更多的外部资金，当公司寻求成本较高的外部资金时，必须通过资本市场对新资金的使用进行审查（如对大股东侵占行为的评估、项目本身的NPV指标等），可以降低大股东与中小股东的代理成本，因此发放股利可以作为监督大股东的工具。罗泽夫（Rozeff，1982）也发现，对于存在控制股东的公司，股利可以降低经理人与少数股东之间的代理成本，进而影响股价。另外，延森（1986）提出自由现金流量假说，延森将自由现金流量定义为公司投资全部净现值为正的投资方案后所剩余的现金，当公司存在大股东控制时，在自利动机下，大股东作为公司的控制人，通常有过度投资的倾向，投资于净现值为负的投资项目或浪费在无效率的组织上，引起大股东与中小股东之间的代理问题。当自由现金流量越多，则大股东与中小股东之间的代理问题越严重。延森（1986）与弗拉克（1999）指出，

股利政策可以降低公司内部股东与外部股东之间的代理冲突。如果公司的盈余并没有以股利的方式发放给股东，而是被保留在公司里，那么内部股东或经理人将可以有更多的资源来从事个人花费，或者是投资于对公司不是很有利，但是对大股东却有利的投资计划。因此，中小股东会偏好公司发放股利而非将盈余保留在公司里。同时，控股股东也常常控制公司的财务报告和披露政策（Fan & Wong，2002；Leuz et al.，2003）。如果侵害事项被其他股东发现，其他股东将采取法律行动来制裁控股股东（Shleifer & Vishny 1997；Leuz et al.，2003）。因而为了掩饰侵占行为不被其他股东发现，控股股东利用他所拥有的信息优势，非真实地反映公司的真实经济状况（Shleifer & Vishny 1997；Fan & Wong 2002；Leuz et al.，2003；Lee et al.，2005）。控股股东操纵财务报告和信息披露政策的方式包括：推迟确认坏消息、提前确认好消息、高估净资产等（Watts，2003a）。而对于中小股东等外部投资者来说，稳健性的会计信息能够使他们更加及时地发现大股东的这种侵占行为，因此，在明白留存在公司中的收益存在被侵占的风险下，他们就会要求发放现金股利，以"一鸟在手"的方式规避风险。因此，从上面的分析可以看出，上市公司适度分红是保护投资者利益的一个重要体现，是保护中小投资者的一种机制，而会计稳健性作为缓解大股东与中小股东之间以及股东与经理人员之间委托代理问题的一种有效的治理机制，通过影响上市公司股利政策是会计稳健性发挥治理机制的形式之一，在一定条件下，会计稳健性越高，股利水平也越高。

（二）债权人与股东冲突、会计稳健性与股利政策

在债务契约中，债权人和债务人面临着非对称收益和损失，债权人在企业经营状况好时也最多只能获得本金和利息，而一旦企业经营恶化，则面临血本无归的风险。债务人则不同，如果债务人利用债权人的资金投资高风险项目，获得的"超额收益"除了支付固定的成本外全部归属于自己，而一旦投资失败，损失的是债权人的资金。因此债权人相对重视公司最低可偿还的净资产价值，以保障债权人权益（Watts，2003b）。然而，债务契约的设定大部分依据或限制于财务报表提供的信息。因此，债权人可以通过债务契约中的保护性条款降低公司过度举债、降低债权人面临的风险过高且减缓内部人与债权人利益冲突。但经理人（或股东）为了自身利益与避免公司违反契约限制条款而使用盈

余管理时，使债务契约限制条款无效率、超额股利发放、帮助股东损害债权人对资产的请求权、发行债务时高估债务价值，进而损害债权人的权益（Jensen & Meckling，1976），因此，债权人较倾向于公司使用较稳健会计原则以避免经理人高估公司净资产（盈余），误导债权人的判断以及预先了解经理人的决策。艾哈迈德等（2002）指出，当债权人与股东之间因股利政策（过度支付股利）衍生的利益冲突越大，其会计政策越趋于稳健。鲍尔等（2008）指出，债券市场对财务报表的需求程度高于权益市场，主要因为许多债务契约依据财务报表提供的信息，如利息保障倍数与财务杠杆比率。因此，从债权人的角度来说，最大限度地将股利留在公司对其来说是风险最小的，债权人对会计信息稳健性的需求导致了低股利发放水平。

综合上述分析，从大股东与中小股东的代理问题来看，由于现金股利是一种典型的分享利益，由全部股东按股权比例分享（Klaus & Yurtoglu，2003），发放现金股利可以减少大股东的控制权私有利益（La Porta，Lopez，Shleifer & Vishny，2000），从而对控制性股东的侵占行为起到约束和限制作用，进而产生了稳健性的需求；而从债权人的角度来说，最大限度地将股利留在公司对其来说是风险最小的，债权人对会计信息稳健性的需求导致了低股利发放水平。因此，会计稳健性对股利发放与否、发放形式以及发放水平的影响取决于大股东、中小股东和债权人之间博弈的结果。首先，我们假设会计稳健性能够促进股利发放与否，但是由于中小股东与债权人之间也存在利益冲突，其博弈的结果可能使会计稳健性与股利发放水平之间存在非线性关系。基于此，本章提出以下假设。

H1：在其他条件一定的条件下，会计稳健性越高，股利发放可能性越低；

H2：在其他条件一定的条件下，会计稳健性与股利发放水平呈倒"U"型关系。

二、研究设计

（一）样本选择与数据来源

本章以深市和沪市 2007～2009 年所有 A 股上市公司为研究对象。

样本的选取主要遵循以下五个原则：（1）数据完备，相关参数可以计算；（2）剔除金融类公司；（3）剔除当年 IPO 的公司；（4）剔除净利润为负的公司；（5）剔除各指标 1% 以下和 99% 以上的极端样本。基于上述原则，最终样本总量为 2 515 个公司年，按照中国证监会 2001年公布的《上市公司行业分类指引》样本，行业分布如下：农林牧渔业 43 家、采掘业 37 家、制造业 1 421 家、电力煤气及水的生产和供应业 115 家、建筑业 58 家、交通运输及仓储业 123 家、信息技术业 157家、批发和零售贸易 195 家、房地产业 134 家、社会服务业 83 家、传播与文化产业 15 家、综合类 134 家。其中，制造业中食品饮料 126 家、纺织服装 105 家、木材家具 3 家、造纸印刷 37 家、石化塑胶 240 家、电子 76 家、金属非金属 200 家、机械设备 421 家、医药生物 188 家、其他制造业 25 家。

从表 7 - 1 可以看出，2007 年样本数为 892 家，2008 年为 792 家，2009 年为 831 家，各占 33% 左右，各年样本数差别不大。从企业性质来看，样本中国有企业为 1 760 家，占总样本的 69.98%，国有性质的企业占到了总样本的 2/3。

表 7 - 1 　　　　　　　　　　　样本分布　　　　　　　　　　单位：家，%

PanelA：样本年度分布

年度	2007	2008	2009	全部样本
样本量	892	792	831	2 515
占全样本比率	35.47	31.49	33.04	100

PanelB：样本企业性质分布

企业性质	国有企业	非国有企业	全部样本
样本量	1 760	755	2 515
占全样本比率	69.98	30.02	100

数据来源：除企业性质取自色诺芬数据库外（CCER），其他数据均取自国泰安数据库（CSMAR），使用的统计软件为 SAS9.0。

（二）变量设计

1. 被解释变量——股利政策测度（*Dividend Policy*）

一般说来，常见的股利支付方式包括：现金股利、股票股利、财产股利和负债股利[①]。而中国实务中上市公司采用最多的股利支付方式主要是送股、派现及资本公积金转增股本[②]这三种基本形式，以及派现＋送股、派现＋资本公积金转增股本、送股＋资本公积金转增股本、派现＋送股＋资本公积金转增股本、不分配不转增五种衍生形式。根据迪安杰洛等（DeAngelo et al.，2004）、王毅辉和李常青（2010）等的研究，本章采用股利支付可能性和股利支付水平两类指标来测度上市公司的股利政策，股利支付可能性包括是否发放股利和是否发放现金股利，股利支付水平包括总股利支付水平和现金股利支付水平。我们用虚拟变量 PDividend 表示股利支付可能性，当样本公司发放股利时（包括：送股、派现、资本公积金转增股本、派现＋送股、派现＋资本公积金转增股本、送股＋资本公积金转增股本、派现＋送股＋资本公积金转增股本七种股利发放形式），PDividend 取1，否则取0；用虚拟变量 PCash 表示现金股利支付的可能性，当样本公司发放现金股利时（包括：派现、派现＋送股、派现＋资本公积金转增股本、派现＋送股＋资本公积金转增股本四种现金股利发放形式）PCash 取1，否则取0。

在股利支付水平上，用变量 Rdividend 表示总股利支付水平，首先将送股、资本公积金转增股本等非现金股利形式根据股票当时的市值转化成货币计量形式，再除以净利润得到总股利支付水平 Rdividend 指标；现金股利支付水平用变量 Rcash 表示，该指标是公司当年发放现金股利与当年净利润之比，或每股现金股利除以每股收益。

2. 解释变量——会计稳健性测度（Accounting Conservatism）

会计稳健性我们仍然采用第四章中的度量方法：一是卡恩和沃茨（2007）模型构建的会计稳健性指数；二是吉弗里和海恩（2000）通过累计应计项测量稳健性。

3. 控制变量

（1）企业盈利能力（Roe）。企业股利政策在某种程度上取决于企

---

① （1）现金股利是以现金支付的股利，它是股利支付的主要方式。公司支付现金股利除了要有累计盈余（特殊情况下可用弥补亏损后的盈余公积金支付）外，还要有足够的现金，因此公司在支付现金股利前须筹备充足的现金。（2）股票股利是公司以增发的股票作为股利的支付方式。（3）财产股利是以现金以外的资产支付的股利，主要是以公司所拥有的其他企业的有价证券，如债券、股票，作为股利支付给股东。（4）负债股利是公司以负债支付的股利，通常以公司的应付票据支付给股东，在不得已的情况下也有发行公司债券抵付股利的。

② 从本质上说，资本公积金转增股本并不属于利润分配，但其效果与送股相同，故一般将其纳入到利润分配的研究范畴。

业盈利能力。一般而言，企业的盈利越强，其股利支付率越高，盈利强的企业对保持较高的股利支付率更有保障。易颜新、柯大钢和王平心（2008）对中国上市公司股利分配决策的调查研究分析也显示，66.5%的调查对象认为当期每股净利润对上市公司股利决策影响重要或很重要（分别有 74.8%、78% 和 46.7%，调查对象认为当期每股净利润对上市公司现金股利、股票股利和公积金转增股本决策影响重要或很重要，66.5% =（74.8% + 78% + 46.7%）/3）。陆正飞等（2010）、王毅辉和李常青（2010）、宋福铁和屈文洲（2010）等股利政策的研究都控制了企业的盈利能力的影响，且都显著正相关。本章用净资产收益率表示企业盈利能力，即：净利润/期末净资产。

（2）企业自由现金流（FCF）。股利政策涉及对自由现金流量的分配问题，根据经典的代理理论，发放现金股利减少了公司多余的现金流，增加了企业外部融资需求，加强了出资人对管理层的监督（Easterbrook，1984），同时，自由现金流减少又可避免管理层将资金用于投资回报率较低的项目上，减少过度投资（Jensen，1986）。因此，为降低代理成本，自由现金流越多的公司更倾向于分配现金股利，分配的现金股利也越多，本章用 ［（净利润 + 利息费用 + 非现金支出）– 营运资本追加 – 资本性支出］/总股数表示企业自由现金流。

（3）公司的成长性（Growth）。延森（1976）研究指出，成长机会与现金股利支付率呈负相关关系。罗泽夫（1982）研究发现，当公司收入在过去或者预期将要经历快速增长，公司会执行低股利支付率政策，因为高的增长率意味着高的投资支出，投资政策影响股利政策。科普兰和韦斯顿（1987）也认为，股利支付与公司成长机会密切相关，公司成长机会越多，资产扩充所需要的资金越多，公司不支付股利的可能性也就越大。为了控制成长性对股利政策的影响，本章采用销售增长率表示公司的成长性，即：公司的成长性 =［本年营业收入/上年营业收入］– 1。

（4）资产负债率（Lev）。资产负债率水平和股利分配的相关关系体现在：一是债务契约能够降低大股东和中小股东冲突引起的代理成本；二是资产负债率越高，说明债务限制条款越多，受到银行等债权人的制约越多，上市公司支付现金股利的可能性就越低。资产负债率的高低也会影响企业再融资的能力，资产负债率高的公司，取得新贷款的难度也增加，因此企业更有可能将利润留存在企业内部，减少股利的分配。

国内学者在研究股利政策时，几乎都控制了资产负债率指标，如吕长江（2002），刘志强和余明桂（2009），娄芳、李玉博和原红旗（2010）等。

（5）公司规模（LnSize）。常和罗瑞（Chang & Rhee，1990）的研究认为，规模较大的公司股利支付水平往往较高，因为他们商誉和信用较佳，容易取得外部资金。穆罕默德等（MahMoud et al.，1995）则从代理成本的角度研究认为，大公司比小公司具有较高的代理成本和较低的交易成本，为了降低代理成本，大公司通常发放较高的股利。吕长江和王克敏（1999）运用改进的 Limner 模型构造的现金股利回归模型也表明公司规模影响上市公司现金股利政策。本章采用公司营业收入的对数值表示公司规模。

（6）企业性质（State）。终极控股股东性质不同，对股利政策的需求不同。拉波尔塔等（1999）在考察全球上市公司股权结构时发现，不同产权性质的终极控制人由于追求的利益动机不同，所采用的股利政策存有差异。王毅辉和李常青（2010）认为，由于中国国有企业与民营企业对未来制度变化预期的不确定性程度、融资成本和委托代理问题不同，因而终极产权性质影响着股利支付水平。因此，本章将其作为控制变量，上市公司为国有控股时，State 取为 1，否则取 0。

（7）股权集中度（Firstshr）。克莱森斯（Claessens et al.，1999）的实证研究表明，东亚国家公司治理的主要问题是控股股东对小股东的掠夺行为。唐跃军（2009）认为，虽然现金股利可能并不是控股股东实施隧道行为的最佳选择，但是在其他从上市公司转移资源的方式受到越来越严格的市场监管和法律限制时，"同股、同权、不同价"现象所导致的超额报酬率就会激励控股股东选择通过派发现金股利等股利发放方式对中小股东进行掠夺。为了控制该因素的影响，我们采用第一大股东持股比例作为替代变量（娄芳、李玉博和原红旗，2010）。

（8）年度（Year）。为了控制经济环境等宏观因素的影响，本章加入年度控制变量。年度控制变量为 2007～2009 年，设 2 个年度虚拟变量。

（9）行业控制变量（Industy）。从各国的统计数据来看，股利政策具有明显的行业特征，成熟产业的股利支付率高于新兴产业，公用事业公司股利支付率高于其他行业。迪罗米斯和克罗茨（Dhrymes & Kurz，1967）、艾伦等（Allen et al.，1986）等的实证研究表明，行业因素会影响公司的股利发放水平。李增福和唐春阳（2004）根据中国证监会

《上市公司行业分类指引》对沪、深两市 A 股上市公司进行的行业分类，研究了股利分配的行业差异，研究的结论是：行业是影响中国上市公司股利分配的重要因素之一，上市公司约 11% 的股利分配差异可以由公司所处的行业门类的不同来解释；不同行业上市公司的股利分配具有显著的差异；不同行业之间股利分配的差异具有稳定性。因此，本章加入行业控制变量。行业控制变量以中国证监会 2001 年 4 月 4 日公布的《上市公司行业分类指引》为基础，剔除金融行业以及将制造业采用二级分类，共分为 21 个行业，设 20 个行业虚拟变量。

（三）研究模型

由于上市公司股利支付可能性是 0 或 1 的虚拟变量（统计学上一般称为定性变量），而线性回归模型的一个局限性是要求因变量是定量变量而不能是定性变量。可用于处理定性因变量的统计分析方法有：判别分别、Probit 分析、Logistic 回归分析和对数线性模型等。在社会科学中，应用最多的是 Logistic 回归分析，该方法属于概率型非线性回归模型，吕长江和韩惠博（2001）、陆正飞等（2010）、王毅辉和李常青（2010）等关于股利支付可能性的研究也都采用该回归模型。因此，本章构建的研究模型如下：

$$\text{Logit}(Probability_{i,t}) = \beta_0 + \beta_1 Conservatism_{i,t} + \beta_2 Roe_{i,t} + \beta_3 FCF_{i,t} + \beta_4 Growth_{i,t} + \beta_5 Lev_{i,t} + \beta_6 \text{LnSize}_{i,t} + \beta_7 State_{i,t} + \beta_8 Firstshr_{i,t} + \sum_{n=9}^{10} \beta_n Year_{i,t} + \sum_{n=11}^{30} \beta_n Industy_{i,t} + \xi_{i,t}$$

$$(7.1)$$

$$Ratio_{i,t} = \beta_0 + \beta_1 Conservatism_{i,t} + \beta_2 ConservatismSq_{i,t} + \beta_3 Roe_{i,t} + \beta_4 FCF_{i,t} + \beta_5 Growth_{i,t} + \beta_6 Lev_{i,t} + \beta_7 \text{LnSize}_{i,t} + \beta_8 State_{i,t} + \beta_9 Firstshr_{i,t} + \sum_{n=10}^{11} \beta_n Year_{i,t} + \sum_{n=12}^{31} \beta_n Industy_{i,t} + \xi_{i,t}$$

$$(7.2)$$

其中，各变量下标 i 表示公司，t 表示年度。模型（7.1）中，因变量 Probability 表示股利支付的可能性，在本章中具体包括：是否发放股利（PDividend）和是否发放现金股利（PCash），当样本公司发放股利时，PDividend 取 1，否则取 0；当样本公司发放现金股利时 PCash 取 1，否则取 0。自变量 Conservatism 为会计稳健性的度量指标。本章拟分别采用卡恩和沃茨（2007）的会计稳健性指数与吉弗里和海因（2000）的累计应计项来测度会计稳健性，其他控制变量定义及取值详见表 7 – 2。模型（7.2）中因变量 Ratio 表示股利支付水平，具体包括总股利支付水平和现金股利支付水平。总股利支付水平为总股利除以净利润，现金股利支付水平为公司当年发放现金股利与当年净利润之比，或每股现金股利除以每股收益。ConservatismSq 分别表示 C_Score 或 ACC 的平方项，用来刻度自变量和因变量这种倒"U"型关系。其他变量与模型（7.1）相同。

表 7 – 2   变量定义

变量名		符号	定义及取值
股利支付可能性	是否发放股利	PDividend	当样本公司发放股利时（包括：送股、派现、资本公积金转增股本、派现＋送股、派现＋资本公积金转增股本、送股＋资本公积金转增股本、派现＋送股＋资本公积金转增股本七种股利发放形式），PDividend 取 1，否则取 0
	是否发放现金股利	PCash	当样本公司发放现金股利时（包括：派现、派现＋送股、派现＋资本公积金转增股本、派现＋送股＋资本公积金转增股本四种现金股利发放形式）PCash 取 1，否则取 0
股利支付水平	总股利支付水平	RDividend	将送股、资本公积金转增股本等非现金股利形式根据股票当时的市值转化成货币计量形式加上现金股利，再除以净利润。
	现金股利支付水平	RCash	每股现金股利除以每股收益
会计稳健性	会计稳健性指数	C_Score	根据卡恩和沃茨（2007）模型计算，详见第四章，C_ScoreSq表示 C_Score 的平方项
	累计应计	ACC	根据吉弗里和海因（2000）模型计算，详见第四章，ACCSq 表示 ACC 的平方项
企业盈利能力		Roe	用净资产收益率表示，净资产收益率＝净利润/期末净资产
企业自由现金流		FCF	用每股企业整体自由现金流表示，即：[（净利润＋利息费用＋非现金支出）－营运资本追加－资本性支出]/总股数

变量名	符号	定义及取值
公司的成长性	*Growth*	用营业收入的增长率表示； 成长性＝［本年营业收入/上年营业收入］－1
资产负债率	*Lev*	资产负债率＝期末总负债/期末资产总额
公司规模	*LnSize*	取营业收入的自然对数
企业性质	*State*	虚拟变量，当企业为国有性质时取值为1，否则为0
股权集中度	*Firstshr*	用第一大股东持股比例表示，即第一大股东持股数量/总股数
年度	*Year*	年度虚拟变量，设2个年度虚拟变量
行业	*Industy*	行业虚拟变量，以中国证监会2001年4月4日公布的《上市公司行业分类指引》为基础，剔除金融行业以及将制造业采用二级分类共分为21个行业，设20个行业虚拟变量

（四）描述性统计

表7-3报告了全样本主要变量的描述性统计结果。从股利支付可能性统计结果来看，样本期内支付股利的公司占到了58.1%，支付现金股利的占到54.2%，表明：一是上市公司支付股利的比率还不是很高；二是发放股利的公司中绝大多数包含现金股利。从股利支付水平来看，总股利支付水平高达2.176，是净利润的两倍多，且最高达到了40.226，而现金股利则只有0.193，说明虽然大多数公司股利政策中都包含有现金股利，但现金股利的支付水平比较低，上市公司主要发放股票股利以及资本公积转增股本的水平比较高。从会计稳健性指标来看，*C_Score*指标和*ACC*指标的均值都为正，说明整体上样本公司会计信息是稳健的，同时两个指标最小值、四分之一分位数（Q1）、中位数、四分之三（Q3）分位数以及最大值的符号都相同，且整体差别不太大，说明两个指标具有一致性。

表 7 – 3　　　　　　　　　主要变量的描述性统计

变量	样本量	均值	标准差	最小值	Q1	中位数	Q3	最大值
PDividend	2 515	0.581	0.494	0.000	0.000	1.000	1.000	1.000
PCash	2 515	0.542	0.498	0.000	0.000	1.000	1.000	1.000
RDividend	2 515	2.176	5.948	0.000	0.000	0.168	0.522	40.226
RCash	2 515	0.193	0.246	0.000	0.093	0.329	1.429
C_Score	2 515	0.083	0.191	– 0.160	– 0.011	0.007	0.071	0.960
C_ScoreSq	2 515	0.043	0.124	0.000	0.0001	0.0004	0.011	0.922
ACC	2 515	0.055	0.187	– 0.788	– 0.037	0.069	0.178	0.528
ACCSq	2 515	0.038	0.061	0.000	0.003	0.015	0.048	0.621
Roe	2 515	0.105	0.091	– 0.031	0.038	0.081	0.145	0.626
FCF	2 515	0.281	1.073	– 4.701	– 0.003	0.302	0.750	3.954
Growth	2 515	0.205	0.515	– 0.730	– 0.020	0.125	0.299	5.510
Lev	2 515	0.509	0.172	0.079	0.388	0.517	0.639	0.931
LnSize	2 515	21.188	1.300	16.643	20.399	21.173	21.957	24.749
State	2 515	0.700	0.458	0.000	0.000	1.000	1.000	1.000
Firstshr	2 515	0.364	0.145	0.091	0.243	0.355	0.479	0.750

三、实证结果与分析

为了更加精确地检验各组会计稳健性之间的差异，我们分别采用配对检验、相关性检验和多元回归的方法来分析我们的研究假设。

（一）股利支付可能性的配对检验

表 7 – 4 报告了股利支付可能性的配对检验。Panel C 是股利发放与否的配对检验结果，发放股利组即全样本中 PDividend 取 1 的样本，不发放股利组为全样本中 PDividend 取 0 的样本。不管从 C_Score 还是从 ACC 指标看，发放股利的样本公司的会计稳健性要小于不发放股利的样本公司组，两者的差额在 – 0.05 左右，且不管是 T 检验还是非参数的 Z 检验，其显著性水平都达到了 1%。说明会计稳健性对公司发放股利与否有显著的影响，在不考虑其他因素下，稳健性越高，发放股利的可能性就越小。Panel D 是现金股利发放与否的配对检验结果，发放现

金股利组即全样本中 $PCash$ 取 1 的样本，不发放现金股利组为全样本中 $PCash$ 取 0 的样本。配对检验的结果与 PanelC 中的结果相同，即发放现金股利的样本公司的会计稳健性指标 C_Score 和 ACC 都要小于不发放现金股利的样本公司组，两者的差额分别为 - 0.050 和 - 0.047，且 T 检验和 Z 检验结果的显著性水平都达到了 1%。说明会计稳健性对公司发放现金股利与否有显著的影响，在不考虑其他因素下，稳健性越高，发放现金股利的可能性就越小。

表 7 - 4 股利支付可能性配对检验

		样本量	均值	标准差	差值	T 检验 $(Pr>\|t\|)$	Z 检验 $(Pr>\|Z\|)$
PanelC：发放股利与不发放股利配对检验							
C_Score	发放股利	1 460	0.058	0.163	- 0.059	7.44 *** (<0.0001)	11.69 *** (<0.0001)
	不发放股利	1 055	0.118	0.219			
ACC	发放股利	1 460	0.035	0.186	- 0.048	6.36 *** (<0.0001)	6.85 *** (<0.0001)
	不发放股利	1 055	0.083	0.184			
PanelD：发放现金股利与不发放现金股利配对检验							
C_Score	发放现金股利	1 364	0.060	0.166	- 0.050	6.44 *** (<0.0001)	10.80 *** (<0.0001)
	不发放现金股利	1 151	0.110	0.213			
ACC	发放现金股利	1 364	0.034	0.187	- 0.047	6.32 *** (<0.0001)	6.63 *** (<0.0001)
	不发放现金股利	1 151	0.081	0.184			

注：*** 表示在 1% 的水平上显著；T 检验为双侧 t 检验，括号内为 T 统计量的 P 值；Z 检验为双侧 Wilcoxon 秩和检验，括号内为 Wilcoxon 秩和检验统计量的 P 值。发放股利组即全样本中 Pdividend 取 1 的样本，不发放股利组为全样本中 Pdividend 取 0 的样本；发放现金股利组为全样本中 PCash 取 1 的样本，发放现金股利组为全样本中 PCash 取 0 的样本。

（二）相关性分析

表 7 - 5 报告了股利支付可能性模型中主要变量的相关性分析结果。结果显示，股利支付可能性 PDividend 与 C_Score 和 ACC 会计稳健性指标的 Pearson 相关系系数分别为 - 0.154 和 - 0.126，Spearman 相关系数更是高达 - 0.233 和 - 0.215，都为负，其均在 1% 的显著性水平下显著。说明股利支付可能性与会计稳健性之间存在显著的相关性，与配对检验的结果一致。现金股利支付可能性 PCash 与 C_Score 和 ACC 会计稳

表 7 - 5

股利支付可能性相关性分析

	PDividend	PCash	C_Score	ACC	Roe	FCF	Growth	Lev	LnSize	State	Firstshr
PDividend	1	0.925*** (<0.0001)	-0.154*** (<0.0001)	-0.126*** (<0.0001)	0.279*** (<0.0001)	0.037* (0.0603)	0.032 (0.1080)	-0.099*** (<0.0001)	0.387*** (<0.0001)	0.108*** (<0.0001)	0.172*** (<0.0001)
PCash	0.925*** (<0.0001)	1	-0.130*** (<0.0001)	-0.125*** (<0.0001)	0.271*** (<0.0001)	0.070*** (0.0004)	0.018 (0.3687)	-0.102*** (<0.0001)	0.380*** (<0.0001)	0.119*** (<0.0001)	0.179*** (<0.0001)
C_Score	-0.233*** (<0.0001)	-0.215*** (<0.0001)	1	0.019 (0.3535)	-0.014 (0.4807)	-0.003 (0.8745)	-0.046** (0.0213)	-0.005 (0.8169)	-0.336*** (<0.0001)	-0.087*** (<0.0001)	-0.051** (0.0100)
ACC	-0.137*** (<0.0001)	-0.132*** (<0.0001)	0.028 (0.1661)	1	-0.110*** (<0.0001)	0.182*** (<0.0001)	-0.016 (0.4362)	0.049** (0.0147)	-0.004 (0.8476)	0.076*** (0.0001)	-0.039** (0.0484)
Roe	0.389*** (<0.0001)	0.370*** (<0.0001)	-0.202*** (<0.0001)	-0.087*** (<0.0001)	1	0.093*** (<0.0001)	0.225*** (<0.0001)	0.036* (0.0696)	0.248*** (<0.0001)	-0.098*** (<0.0001)	0.131*** (<0.0001)
FCF	0.165*** (<0.0001)	0.188*** (<0.0001)	-0.101*** (<0.0001)	0.132*** (<0.0001)	0.155*** (<0.0001)	1.	0.011 (0.5665)	0.079*** (<0.0001)	0.151*** (<0.0001)	0.080*** (<0.0001)	0.075*** (0.0002)
Growth	0.109*** (<0.0001)	0.093*** (<0.0001)	-0.058*** (0.0037)	0.017 (0.4025)	0.315*** (<0.0001)	0.064*** (0.0013)	1	0.146*** (<0.0001)	0.108*** (<0.0001)	-0.018 (0.3582)	0.108*** (<0.0001)
Lev	-0.101*** (<0.0001)	-0.103*** (<0.0001)	-0.097*** (<0.0001)	0.081*** (<0.0001)	0.030 (0.1380)	0.101*** (<0.0001)	0.140*** (<0.0001)	1	0.279*** (<0.0001)	0.052*** (0.0089)	-0.004 (0.8319)
LnSize	0.380*** (<0.0001)	0.374*** (<0.0001)	-0.533*** (<0.0001)	-0.001 (0.9407)	0.313*** (<0.0001)	0.274*** (<0.0001)	0.181*** (<0.0001)	0.289*** (<0.0001)	1	0.237*** (<0.0001)	0.226*** (<0.0001)
State	0.108*** (<0.0001)	0.119*** (<0.0001)	-0.140*** (<0.0001)	0.055*** (0.0062)	-0.062*** (0.0018)	0.124*** (<0.0001)	0.018 (0.3679)	0.048** (0.0169)	0.217*** (<0.0001)	1	0.196*** (<0.0001)
Firstshr	0.174*** (<0.0001)	0.181*** (<0.0001)	-0.136*** (<0.0001)	-0.049** (0.0150)	0.150*** (<0.0001)	0.110*** (<0.0001)	0.084*** (<0.0001)	-0.004 (0.8469)	0.221*** (<0.0001)	0.201*** (<0.0001)	1

注：***、**、*分别表示1%、5%、10%的显著性水平，括号内为P值，右上角为Pearson相关系数，左下角为Spearman相关系数。

健性 Pearson 相关系系数分别为 -0.130 和 -0.125，Spearman 相关系数分别为 -0.137 和 -0.132，四个系数的符号都为负，都在 -0.13 左右，且四个系数都在 1% 的显著性水平下通过了显著性检验。说明现金股利支付可能性与会计稳健性也呈负相关关系，与配对检验的结果一致。

表 7-6 报告了股利支付水平模型中主要变量的相关性分析结果。结果显示，总股利支付水平 *Rdividend* 与 *C_Score* 和 *C_ScoreSq* 的 Pearson 相关系数分别为 -0.065 和 -0.057，且都在 1% 的水平下显著，Spearman 相关系数则分别为 -0.187 和 -0.074，同时总股利支付水平 *Rdividend* 与 *ACC* 和 *ACCSq* 的 Spearman 相关系数都为负，而 *Rdividend* 与 *ACCSq* 指标的 Pearson 相关系数则为 0.008，但是没有通过显著性检验（检验的 P 值为 0.6785）。说明整体上总的股利支付水平与会计稳健性之间存在倒 "U" 型的关系。从现金股利支付水平的检验结果看，整体上与总股利支付水平相同，即：在不考虑其他因素下，现金股利支付水平与会计稳健性之间也存在倒 "U" 型的关系。与假设一致。

（三）股利支付可能性的 Logistic 回归分析

表 7-7 报告了股利支付可能性与会计稳健性的 Logistic 回归结果。模型（7.1.1）中，因变量为 *PDividend*，自变量为 *C_Score*；模型（7.1.2）中，因变量为 *PDividend*，自变量为 *ACC*，模型（7.1.1）和模型（7.1.2）是用来研究会计稳健性与总股利支付可能性的。模型（7.1.3）中，因变量为 *PCash*，自变量为 *C_Score*；模型（7.1.4）中，因变量为 *PCash*，自变量为 *ACC*，模型（7.1.3）和模型（7.1.4）是用来研究会计稳健性与现金股利支付可能性的。在总股利支付可能性方面，不论是模型（7.1.1）中的 *C_Score* 系数还是模型（7.1.2）中的 *ACC* 系数，都为负号，表明在控制了其他影响因素下，会计稳健性越高，发放股利的可能性就越低。这与前面的假设相一致，与前面的配对检验和相关性分析的结论也一致，即会计稳健性作为一种有效的治理机制能够降低公司股利发放，特别是清算性股利发放的可能性，保护债权人利益和中小股东利益。在现金股利支付可能性方面，模型（7.1.3）中，*C_Score* 的系数为 -0.318，在 10% 的显著性水平显著；模型（7.1.4）中 *ACC* 的系数为 -1.652，在 1% 的水平下显著，两个系数也都为负。说明与股利支付可能性一样，在控制了其他影响因素下，会计稳健性越高，现金股利支付的可能性越小，即会计稳健性限制了现金股利的发放概率。

表 7 − 6

股利支付水平相关性分析

	RDividend	RCash	C_Score	C_ScoreSq	ACC	ACCSq	Roe	FCF	Growth	Lev	LnSize	State	Firstshr
RDividend	1	0.016 (0.4334)	-0.065*** (0.0011)	-0.057*** (0.0042)	-0.051** (0.0110)	0.008 (0.6785)	0.102*** (<0.0001)	-0.137*** (<0.0001)	0.057*** (0.0043)	-0.019 (0.3468)	0.044** (0.0288)	-0.067*** (0.0008)	0.005 (0.8184)
RCash	0.721*** (<0.0001)	1	-0.085*** (<0.0001)	-0.080*** (<0.0001)	-0.025 (0.2047)	-0.069*** (0.0006)	0.061*** (0.0023)	0.080*** (<0.0001)	-0.066*** (0.0009)	-0.131*** (<0.0001)	0.222*** (<0.0001)	0.123*** (<0.0001)	0.165*** (<0.0001)
C_Score	-0.187*** (<0.0001)	-0.177*** (<0.0001)	1	0.907*** (<0.0001)	0.019 (0.3535)	0.017 (0.3809)	-0.014 (0.4807)	-0.003 (0.8745)	-0.046** (0.0213)	-0.005 (0.8169)	-0.336*** (<0.0001)	-0.087*** (<0.0001)	-0.051** (0.0100)
C_ScoreSq	-0.074*** (0.0002)	-0.014 (0.4970)	0.471*** (<0.0001)	1	0.024 (0.2284)	0.030 (0.1349)	0.048** (0.0171)	0.002 (0.9245)	-0.025 (0.2109)	0.041** (0.0420)	-0.249*** (<0.0001)	-0.067*** (0.0008)	-0.013 (0.5007)
ACC	-0.124*** (<0.0001)	-0.073*** (0.0003)	0.028 (0.1661)	-0.038* (0.0600)	1	-0.128*** (<0.0001)	-0.110*** (<0.0001)	0.182*** (<0.0001)	-0.016 (0.4362)	0.049** (0.0147)	-0.004 (0.8476)	0.076*** (0.0001)	-0.039** (0.0484)
ACCSq	-0.056*** (0.0048)	-0.067*** (0.0008)	-0.002 (0.9102)	0.020 (0.3100)	0.402*** (<0.0001)	1	0.088*** (<0.0001)	-0.073*** (0.0002)	0.051** (0.0101)	0.090*** (<0.0001)	-0.009 (0.6514)	-0.081*** (<0.0001)	-0.056*** (0.0046)
Roe	0.329*** (<0.0001)	0.248*** (<0.0001)	-0.202*** (<0.0001)	-0.036* (0.0720)	-0.087*** (<0.0001)	0.073*** (0.0002)	1	0.093*** (<0.0001)	0.225*** (<0.0001)	0.036* (0.0696)	0.248*** (<0.0001)	-0.098*** (<0.0001)	0.131*** (<0.0001)
FCF	0.090*** (<0.0001)	0.189*** (<0.0001)	-0.101*** (<0.0001)	0.060*** (0.0026)	0.132*** (<0.0001)	-0.003 (0.8912)	0.155*** (<0.0001)	1	0.011 (0.5665)	0.079*** (<0.0001)	0.151*** (<0.0001)	0.080*** (<0.0001)	0.075*** (0.0002)
Growth	0.109*** (<0.0001)	0.028 (0.1629)	-0.058*** (0.0037)	-0.096*** (<0.0001)	0.017 (0.4025)	0.056*** (0.0049)	0.315*** (<0.0001)	0.064*** (0.0013)	1	0.140*** (<0.0001)	0.108*** (<0.0001)	-0.018 (0.3582)	0.108*** (<0.0001)
Lev	-0.098*** (<0.0001)	-0.130*** (<0.0001)	-0.097*** (<0.0001)	-0.006 (0.7714)	0.081*** (<0.0001)	0.138*** (<0.0001)	0.030 (0.1380)	0.101*** (<0.0001)	0.140*** (<0.0001)	1	0.279*** (<0.0001)	0.052*** (0.0089)	-0.004 (0.8319)
LnSize	0.283*** (<0.0001)	0.311*** (<0.0001)	-0.533*** (<0.0001)	-0.025 (0.2166)	-0.001 (0.9407)	0.024 (0.2370)	0.313*** (<0.0001)	0.274*** (<0.0001)	0.181*** (<0.0001)	0.289*** (<0.0001)	1	0.237*** (<0.0001)	0.226*** (<0.0001)
State	0.046** (0.0207)	0.141*** (<0.0001)	-0.140*** (<0.0001)	-0.016 (0.4178)	0.055*** (0.0062)	-0.061*** (0.0022)	-0.062*** (0.0018)	0.124*** (<0.0001)	0.018 (0.3679)	0.048** (0.0169)	0.217*** (<0.0001)	1	0.201*** (<0.0001)
Firstshr	0.132*** (<0.0001)	0.186*** (<0.0001)	-0.136*** (<0.0001)	0.028 (0.1645)	-0.049** (0.0150)	-0.039** (0.0500)	0.150*** (<0.0001)	0.110*** (<0.0001)	0.084*** (<0.0001)	-0.004 (0.8469)	0.221*** (<0.0001)	0.196*** (<0.0001)	1

注：***、**、*分别表示1%、5%、10%的显著性水平，括号内为P值，右上角为Pearson相关系数，左下角为Spearman相关系数。

表 7 - 7　　　　股利支付可能性与会计稳健性 Logistic 回归结果

$$\mathrm{Logit}(PDividend_{i,t}) = \beta_0 + \beta_1 Conservatism_{i,t} + \beta_2 Roe_{i,t} + \beta_3 FCF_{i,t} + \beta_4 Growth_{i,t} +$$
$$\beta_5 Lev_{i,t} + \beta_6 LnSize_{i,t} + \beta_7 State_{i,t} + \beta_8 Firstshr_{i,t} +$$
$$\sum_{n=9}^{10} \beta_n Year_{i,t} + \sum_{n=11}^{30} \beta_n Industy_{i,t} + \xi_{i,t}$$

	模型 (7.1.1) (Conservatism = C_Score)			模型 (7.1.2) (Conservatism = ACC)		
	系数	Wald 系数	P 值	系数	Wald 系数	P 值
常数项	-17.160	220.59***	<0.0001	-17.560	277.69***	<0.0001
C_Score	-0.349	3.69**	0.047			
ACC				-1.648	30.51***	<0.0001
Roe	6.811	101.62***	<0.0001	6.518	93.38***	<0.0001
FCF	-0.048	1.03	0.846	-0.013	0.07	0.793
Growth	-0.206	3.83*	0.050	-0.192	3.21*	0.073
Lev	-3.696	121.15***	<0.0001	-3.660	119.66***	<0.0001
LnSize	0.858	215.96***	<0.0001	0.880	277.94***	<0.0001
State	0.130	1.37	0.242	0.154	1.89	0.169
Firstshr	0.794	5.00	0.311	0.720	4.07**	0.044
年度	控制			控制		
行业	控制			控制		
样本量	2 515			2 515		
-2 Log L	2 638.900			2 608.165		
Likelihood Ratio	782.127***			812.862***		

$$\mathrm{Logit}(PCash_{i,t}) = \beta_0 + \beta_1 Conservatism_{i,t} + \beta_2 Roe_{i,t} + \beta_3 FCF_{i,t} + \beta_4 Growth_{i,t} + \beta_5 Lev_{i,t} +$$
$$\beta_6 LnSize_{i,t} + \beta_7 State_{i,t} + \beta_8 Firstshr_{i,t} + \sum_{n=9}^{10} \beta_n Year_{i,t} + \sum_{n=11}^{30} \beta_n Industy_{i,t} + \xi_{i,t}$$

	模型 (7.1.3) (Conservatism = C_Score)			模型 (7.1.4) (Conservatism = ACC)		
	系数	Wald 系数	P 值	系数	Wald 系数	P 值
常数项	-16.354	211.09***	<0.0001	-16.713	265.87***	<0.0001
C_Score	-0.318	2.58*	0.094			
ACC				-1.652	31.81***	<0.0001
Roe	6.452	98.09***	<0.0001	6.131	88.44***	<0.0001

	模型（7.1.3）($Conservatism = C\_Score$)			模型（7.1.4）($Conservatism = ACC$)		
	系数	Wald 系数	P 值	系数	Wald 系数	P 值
FCF	0.037	0.67	0.413	0.074	2.56	0.109
Growth	−0.250	5.79 **	0.016	−0.238	5.07 **	0.024
Lev	−3.647	121.87 ***	<0.0001	−3.602	119.64 ***	<0.0001
LnSize	0.800	199.18 ***	<0.0001	0.820	256.96 ***	<0.0001
State	0.201	3.31 *	0.069	0.229	4.20 **	0.040
Firstshr	0.864	6.12 **	0.013	0.794	5.12 **	0.024
年度	控制			控制		
行业	控制			控制		
样本量	2 515			2 515		
−2 Log L	2703.050			2670.849		
Likelihood Ratio	765.4188 ***			797.6198 ***		

注：***、**、*分别表示1%、5%、10%的显著性水平。Wald 系数为 Wald Chi-Square 值，P 值表示 $Pr > ChiSq$ 的值。模型（7.1.1）中，因变量为 PDividend，自变量为 C_Score，模型（7.1.2）中，因变量为 PDividend，自变量为 ACC；模型（7.1.3）中，因变量为 PCash，自变量为 C_Score；模型（7.1.4）中，因变量为 PCash，自变量为 ACC。

（四）股利支付水平的多元回归分析

表7-8 报告了股利支付水平与会计稳健性多元回归的结果。从总股利支付水平与会计稳健性的结果来看，模型（7.2.1）中 C_ScoreSq 系数为 −4.186，且在10%的水平下显著；模型（7.2.2）中 ACCSq 的系数虽然未能通过显著性检验，但其系数的符号也为负。说明在控制了其他影响总股利支付水平因素下，会计稳健性与总股利支付水平呈现倒"U"型关系。从现金股利支付水平与会计稳健性的检验结果来看，模型（7.2.3）中 C_ScoreSq 系数为 −0.187，且在10%的水平下显著；模型（7.2.4）中 ACCSq 的系数 −0.201，且在5%的水平下显著。说明在控制了其他影响总股利支付水平因素下，会计稳健性与现金股利支付水平呈现倒"U"型关系，即：当会计稳健性水平比较低时，股利支付水平随着会计稳健性的增强而升高，当股利支付水平过高时，会计稳健性则会降低这种过高的股利支付水平。

表7-8　　　　　　股利支付水平与会计稳健性多元回归结果

$$RDividend_{i,t} = \beta_0 + \beta_1 Conservatism_{i,t} + \beta_2 ConservatismSq_{i,t} + \beta_3 Roe_{i,t} + \beta_4 FCF_{i,t} +$$
$$\beta_5 Growth_{i,t} + \beta_6 Lev_{i,t} + \beta_7 LnSize_{i,t} + \beta_8 State_{i,t} + \beta_9 Firstshr_{i,t} +$$
$$\sum_{n=10}^{11} \beta_n Year_{i,t} + \sum_{n=12}^{31} \beta_n Industy_{i,t} + \xi_{i,t}$$

	模型（7.2.1）（$Conservatism = CScore$）			模型（7.2.2）（$Conservatism = ACC$）		
	系数	T 值	P 值	系数	T 值	P 值
常数项	-5.125	-2.140 **	0.033	-3.166	-1.520	0.128
C_Score	3.750	1.880 *	0.061			
$C\_ScoreSq$	-4.186	-1.700 *	0.089			
ACC				-0.936	-1.380	0.168
$ACCSq$				-1.332	-0.670	0.502
Roe	4.717	3.320 ***	0.001	4.576	3.230 ***	0.001
FCF	-0.797	-7.100 ***	<0.0001	-0.784	-6.920 ***	<0.0001
$Growth$	0.233	0.980	0.327	0.254	1.070	0.284
Lev	-0.682	-0.900	0.367	-0.512	-0.680	0.496
$LnSize$	0.360	2.990 ***	0.003	0.266	2.570 **	0.010
$State$	-0.809	-2.950 ***	0.003	-0.804	-2.930 ***	0.004
$Firstshr$	0.051	0.060	0.953	-0.068	-0.080	0.938
年度	控制			控制		
行业	控制			控制		
样本量	2 515			2 515		
$Adj\ R\text{-}Sq$	0.054			0.053		
$F\ Value$	5.60 ***			5.55 ***		

$$RCash_{i,t} = \beta_0 + \beta_1 Conservatism_{i,t} + \beta_2 ConservatismSq_{i,t} + \beta_3 Roe_{i,t} + \beta_4 FCF_{i,t} +$$
$$\beta_5 Growth_{i,t} + \beta_6 Lev_{i,t} + \beta_7 LnSize_{i,t} + \beta_8 State_{i,t} + \beta_9 Firstshr_{i,t} +$$
$$\sum_{n=10}^{11} \beta_n Year_{i,t} + \sum_{n=12}^{31} \beta_n Industy_{i,t} + \xi_{i,t}$$

	模型（7.2.3）（$Conservatism = C\_Score$）			模型（7.2.4）（$Conservatism = ACC$）		
	系数	T 值	P 值	系数	T 值	P 值
常数项	-0.852	-8.970 ***	<0.0001	-0.782	-9.500 ***	<0.0001
C_Score	0.144	1.820 *	0.069			
$C\_ScoreSq$	-0.187	-1.920 *	0.055			

续表

	模型（7.2.3）（Conservatism = C_Score）			模型（7.2.4）（Conservatism = ACC）		
	系数	T 值	P 值	系数	T 值	P 值
ACC				− 0.062	− 2.310 **	0.021
ACCSq				− 0.201	− 2.560 **	0.011
Roe	0.057	1.020	0.309	0.048	0.860	0.390
FCF	0.009	2.130 **	0.034	0.010	2.250 **	0.025
Growth	− 0.038	− 4.050 ***	< 0.0001	− 0.037	− 3.900 ***	< 0.0001
Lev	− 0.271	− 9.050 ***	< 0.0001	− 0.261	− 8.780 ***	< 0.0001
LnSize	0.051	10.610 ***	< 0.0001	0.048	11.600 ***	< 0.0001
State	0.018	1.670 *	0.094	0.018	1.620	0.106
Firstshr	0.166	4.870 ***	< 0.0001	0.156	4.570 ***	< 0.0001
年度	控制			控制		
行业	控制			控制		
样本量	2 515			2 515		
Adj R-Sq	0.129			0.132		
F Value	13.04 ***			13.30 ***		

注：*** 、** 、* 分别表示 1%、5%、10% 的显著性水平。模型（7.2.1）中，因变量为 RDividend，自变量为 C_Score，ConservatismSq 为 C_Score 的平方项；模型（7.2.2）中，因变量为 RDividend，自变量为 ACC，ConservatismSq 为 ACC 的平方项；模型（7.2.3）中，因变量为 RCash，自变量为 C_Score，ConservatismSq 为 C_Score 的平方项；模型（7.2.4）中，因变量为 RCash，自变量为 ACC，ConservatismSq 为 ACC 的平方项。

四、研究结论

本章以 2007~2009 年中国沪深上市公司为样本，采用 Logistic 回归分析和多元回归模型对会计稳健性与上市公司股利发放可能性和发放水平进行了检验，发现：（1）在其他条件一定的条件下，会计稳健性越高，股利发放可能性越低；（2）在其他条件一定的条件下，会计稳健性与股利发放水平呈倒"U"型关系。结果表明，较低的会计稳健性和较高的会计稳健性都会带来较低的股利支付水平，特别是现金股利支付水平，与此同时，适中的会计稳健性带来适中的股利支付水平。

第八章

会计稳健性与企业价值

公司价值估值的研究一直都是研究的热点问题。早期在探讨盈余与股价关系的研究时，大多以股利折现模型为基础，假设股利与盈余之间呈现一定的关系，以间接的方式推论盈余与股价的关系，这种股价估值模型的解释能力介于 3% ~ 10%（Lev，1989），模型的解释能力有限。奥尔森（1995）、费尔特姆和奥尔森（1995，1996）使用基于会计数据为基础的，以账面价值和会计盈余评估公司的内在价值，该估值模型也称剩余收益模型，在解释和预测股价上比股利折现模型要更精确（Penman & Sougiannis，1998）。剩余收益模型是经过实践和实证研究检验的使用广泛的估价模型，其最大的优势在于采用会计数据进行估值。而会计稳健性作为会计基本原则之一，通过系统性的低估资产和收益，有偏地影响了会计数据，必然影响剩余收益模型的估计结果。

费尔特姆和奥尔森（1996）认为，在价值估值模型中，稳健性更高的公司账面价值的定价系数要高于稳健性低的公司。因为，高会计稳健性导致账面价值被低估。然而，实证研究与费尔特姆和奥尔森（1996）的推论并不一致，会计稳健性定价系数的均值小于 0（Stober，1996；Dechow et al.，1999；Myers，1999），这极大地震撼了学者们对 Feltham-Ohlson（1996）模型的信心。艾哈迈德、莫顿和沙佛（Ahmed，Morton & Schaefer，2000）根据测定的会计稳健性定价系数的符号进行分组，将会计稳健性定价系数大于 0 的公司分为一组，小于 0 的分为另一组，结果表明，会计稳健性定价系数小于 0 的公司样本组其规模更小、利润更低、成长性更差。艾哈迈德等通过对会计稳健性定价系数符号以及大小的深入研究为我们进一步认识和理解会计稳健性定价系数提供了一个新的思路和模式。

　　由于中国资本市场起步较晚，长窗口公司的数据比较匮乏，而公司层面的会计稳健性定价系数的测算需要一个较长的期间窗口才能测算得更精确（Ahmed et al.，样本公司的数据不少于 15 年），同时加上中国会计制度改革的特点，会计稳健性从无到有也不到十年的时间，所以关于会计稳健性对权益价值的影响的实证文献很少，这极大地制约了中国在该领域的研究。本章通过使用 2001～2009 年上市公司的面板数据，对沪深上市公司会计稳健性定价系数进行测定，发现与美国资本市场一样，会计稳健性定价系数的均值也小于 0（为 −0.56）。进一步研究发现，亏损样本公司组的会计稳健性定价系数的均值显著小于 0（为 −0.59），而盈利样本公司组的该系数则为 0.06，盈利样本公司的会计稳健性定价系数与费尔特姆和奥尔森（1996）模型一致。该结论与李远鹏、李若山（2005）的研究耦合，即中国资本市场上会计稳健性被亏损公司用作"洗大澡"的盈余管理工具，在弱有效的资本市场上，投资者给亏损公司的稳健性定价为负。但同时我们也发现，虽然盈利公司会计稳健性定价系数的均值大于 0，但不显著，说明在信息不对称的情况下，"柠檬效应"导致了盈利公司会计稳健性系数的定价过低。本章主要贡献在于，结合中国特殊的制度环境，首次利用经验研究的方法研究了中国资本市场上会计稳健性如何影响权益价值。

一、理论分析

　　费尔特姆和奥尔森（1995）认为，公司价值取决于账面价值、超额盈余和其他因素（如公司成长性）。在此基础上，费尔特姆和奥尔森（1996）进一步将超额盈余表示为现金流入和资本支出函数。其中，现金流入及资本支出的动态模式关系如下：

$$Cr_{t+1} = \gamma Cr_t + \kappa Ci_t + \xi_{1t+1} \tag{8.1}$$

$$Ci_{t+1} = \omega Ci_t + \xi_{2t+1} \tag{8.2}$$

　　其中，Cr_t 为 t 期经营现金流量，Ci_t 为 t 期资本支出，γ 表示经营现金流量的持续性，κ 表示资本支出对下年度经营现金流量的影响程度，ω 表示资本支出的增长程度（用 1 加上资本支出的增长率表示）。

　　费尔特姆和奥尔森（1996）考虑公司折旧政策（δ）以及资本支出对权益账面价值的影响，此时的净剩余关系为（Myers，1999）：

$$Bv_t = \delta Bv_{t-1} + Ci_t \tag{8.3}$$

折旧率为（$1-\delta$），因此折旧费用为（$1-\delta$）Bv_{t-1}；盈余（Ox_{t+1}）为经营现金流量减当期折旧，即：

$$Ox_{t+1} = Cr_{t+1} + (1-\delta)Bv_t \tag{8.4}$$

此时，超额盈余（Rx_{t+1}）为：

$$Rx_{t+1} = Ox_{t+1} + rBv_t \tag{8.5}$$

其中，r 表示无风险报酬率，根据清洁盈余关系，奥尔森（1995）推导出本期股价等于本期权益账面价值加预期未来超额盈余折现，即：

$$V_t = Bv_t + \sum_{\tau=1}^{\infty} R^\tau E_t(Rx_{t+\tau}) \tag{8.6}$$

其中，$R = 1 + r$，将式（8.3）代入式（8.6）可得：

$$V_t = Bv_t + \alpha_1 Rx_t + \alpha_2 Bv_{t1} + \alpha_3 Ci_t \tag{8.7}$$

其中，$\alpha_1 = \dfrac{\gamma}{R-\gamma}$，$\alpha_2 = \dfrac{R(\gamma-\delta)}{R-\gamma}$，$\alpha_3 = \dfrac{R(\kappa-R+\gamma)}{(R-\omega)(R-\gamma)}$

模型（8.7）中的 α_2 衡量了会计稳健性对权益价值评估的影响[1]，如果公司采用不偏会计，那么 $\gamma=\delta$，即会计折旧等于经济折旧，此时 $\alpha_2=0$，即会计稳健性的定价系数为 0；当 $\gamma>\delta$，即会计折旧的速度大于经济折旧速度，说明公司在采用稳健性的会计政策的条件下，由于稳健性的会计导致对公司账面价值低估，同时高估下期超额盈余（因为预期盈余为账面价值乘以资本成本率），因此在其他条件一定的情况下，采用稳健性会计的公司其价值也越大。公式推导也表明，在公司采用稳健的会计政策下（$\gamma>\delta$），α_2 大于 0（根据定义 R 等于 1 加上无风险报酬率，因此 R 大于 1，而 γ 小于 1，所以 $R-\gamma$ 必定大于 0，α_2 的符号由 $\gamma-\delta$ 的符号决定），稳健的会计定价系数大于 0，且会计越稳健，α_2 的系数越大，即 α_2 与（$\gamma-\delta$）成正比。

---

① 该模型虽然只考虑了经济折旧与会计折旧的差异对会计稳健性的影响，但艾哈迈德等使用其他稳健性的代理变量（广告费用、研发费用、存货的后进先出以及摊销）对该系数进行回归，发现该系数同样与广告费用和存货的后进先出法显著正相关。

二、研究设计

从模型（8.7）可以看出，稳健性定价系数 α_2 是 γ，δ 以及 R 的函数，各个公司的风险、经营情况不同，经营现金持续性系数、折旧率也不同，导致每个公司 α_2 也不同，所以我们要利用单个公司时间系列数据，分别计算其稳健性定价系数 α_2。

（一）样本选择

一般认为，中国会计准则在 2001 年开始会计稳健性比较强（陈旭东、黄登仕，2006；曲晓辉、邱月华，2007），同时由于检验模型（8.7）需要利用每个公司的各年度的时间系列数据分别回归出各个公司的稳健性定价系数 α_2（Myers，1999），为了尽可能地满足统计上对单个样本量年限的要求（Ahmed 等使用了单个公司不少于 15 年的数据），所以我们选择 2001~2009 年沪深上市公司的数据作为样本，并作了以下删选：（1）剔除金融公司样本；（2）在样本时期内少于 8 年完整数据的公司；（3）剔除账面价值小于 0 的公司。得到 957 个样本公司，7 656 个公司年样本，所有数据取自国泰安数据库。

（二）变量定义

根据模型（8.7），本章使用的因变量主要是期末股价，自变量主要包括：权益账面价值、超额收益以及资本支出。各变量都使用期末股本进行平减，各变量定义如下表 8-1 所示。

表 8-1　　　　　　　　　　　变量定义

变量名	符号	定义
股价	V	每股年末收盘价格
权益账面价值	Bv	期末每股所有者权益的账面价值，Bv_1 表示上一期期末每股所有者权益的账面价值
超额收益	Rx	根据式（8.5）计算，即每股超额收益等于每股经营收益减去每股权益账面价值（上期）与无风险利率，无风险利率取自一年期国债利率，2000~2009 年的无风险利率分别为：2.25%、2.25%、1.98%、1.98%、1.98%、2.25%、2.52%、3.87%、4.14%
资本支出	Ci	资本支出表示当期公司在固定资产以及无形资产上的投资，我们用本期每股固定资产和无形资产减去上期每股固定资产和无形资产来衡量

（三）描述性统计与分析

从描述性统计来看，每股价格（V）的平均值为 8.70，远高于每股账面价值（Bv）的平均数 2.69，每股价格（V）减去每股账面价值（Bv）即为费尔特姆和奥尔森（1996）所指的商誉（goodwill）。会计稳健性是商誉形成的直接原因，中国上市公司每股价格与每股账面价值的比为 3.23 倍，远高于美国资本市场的 1.36 倍。样本公司主要描述性统计如表 8-2 所示。

表 8-2   **变量描述性统计**

变量	样本量	均值	25%	中位数	75%
V	7 656	8.70 ***	4.39	6.76	10.41
Bv	7 656	2.69 ***	1.94	2.87	3.65
Rx	7 656	0.17 **	−0.02	0.11	0.31
Bv_1	7 656	3.11 ***	1.97	2.87	3.92
Ci	7 656	0.08 *	−0.15	−0.01	0.26

注：***、**、* 分别表示均值等于 0 的 t 双边检验在 1%、5%、10% 水平上显著。25% 表示四分之一分位数，75% 表示四分之三分位数。

三、实证结果与分析

依据模型（8.7），艾哈迈德等（2000）用商誉（每股价格 V 减去每股账面价值 Bv）作为因变量对超额收益 Rx、上期账面价值 Bv_1 与资本支出 Ci 进行回归。为了对权益价值有直观的理解，我们将 Bv 的系数限定为 1，将 Bv 作为自变量放入方程，构建回归模型如下：

$$V_{it} = \alpha_{0i} + Bv_{it} + \alpha_{1i}Rx_{it} + \alpha_{2i}Bv_{it-1} + \alpha_{3i}Ci_{it} + \xi_{it} \tag{8.8}$$

由于每个公司的定价系数不同，所以要根据每个公司时间系列数据分别回归出各公司的对应系数。V_{it} 表示第 i 家公司 t 年末的每股价格，α_{1i} 表示第 i 个公司超额收益定价系数，其他系数同理。由于每个公司分别对应着相应的 α_0、α_1、α_2、α_3，所以我们对各公司回归后的定价系数进行描述性统计（如表 8-3 所示）。

表8-3 全样本系数回归结果

系数	样本量	均值	10%	25%	50%	75%	90%
α_0	957	5.32 ***	-13.91	-1.94	5.16	11.85	23.05
α_1	957	9.53 ***	-8.02	0.09	6.39	15.45	33.03
α_2	957	-0.56 **	-6.64	-2.83	-0.57	2.15	6.35
α_3	957	-0.63	-9.49	-3.72	-0.74	2.50	7.47
$Adj\text{-}R^2$	957	0.55 ***	0.20	0.36	0.58	0.76	0.87

注：***、** 分别表示均值等于0的 t 双边检验在1%、5%水平上显著。10%表示十分之一分位数，25%表示四分之一分位数，50%为中位数，75%为四分之三分位数，90%为十分之九分位数，α_0 为截距项，α_1 为超额收益定价系数，α_2 为上期账面价值的定价系数，α_3 为资本支出定价系数，$Adj\text{-}R^2$ 为调整 R 平方。

    根据 Feltham-Ohlson 模型，稳健性的定价系数 α_2 应大于零，因为会计信息越稳健，账面价值越低，在其他条件一定、市场有效的情况下，越稳健的企业价值越高。但是回归系数 α_2 的系数平均值和中位数分别为 -0.56、-0.57，都小于零，与 Feltham-Ohlson 模型的预测结果不同，出现了会计稳健性定价"异象"。该现象同样出现在美国等相对成熟资本市场上，大量研究表明，美国市场上账面价值系数的均值也小于 0（Stober，1996；Dechow et al.，1999；Myers，1999）。除了艾哈迈德、莫顿和沙佛（2000）认为的 α_2 系数符号与公司规模、利润率、成长性等因素相关外，中国资本市场是否还存在特殊的原因导致该系数与理论不一致呢？李远鹏和李若山（2005）以及曲晓辉和邱月华（2007）的研究认为，中国资本市场上会计稳健性主要是由于亏损企业"洗大澡"的盈余管理造成的，所以我们设想由于亏损企业盈余管理导致的稳健性使得资本市场对会计稳健性的定价与账面价值负相关。因此，我们进一步将样本进行分组，分为亏损组和盈利组，在八年的样本期间中，如果有两年经营收益小于0，我们则定义该样本公司为亏损组，否则定义为盈利组，分别对两组进行回归统计，如表8-4所示。

表8-4　　　　　　　　　分组回归系数

系数	亏损组				盈利组			
	样本量	均值	25%	50%	75%	样本量	均值	25%	50%	75%
α_0	337	7.27 ***	1.87	6.75	12.83	620	5.88 ***	-4.59	4.39	15.10
α_1	337	3.93 ***	-0.65	2.66	7.57	620	14.11 ***	1.89	9.98	22.24
α_2	337	-0.59 *	-2.74	-0.49	1.52	620	0.06	-2.28	0.19	3.03
α_3	337	2.70	-1.68	0	1.59	620	-3.11 *	-3.89	0	2.11
$Adj\text{-}R^2$	337	0.44	0.24	0.41	0.63	620	0.54	0.30	0.56	0.77

注：***、*分别表示均值等于0的 t 双边检验在1%、10%水平上显著。25%表示四分之一分位数，50%为中位数，75%为四分之三分位数，α_0 为截距项，α_1 为超额收益定价系数，α_2 为上期账面价值的定价系数，α_3 为资本支出定价系数，$Adj\text{-}R^2$ 为调整 R 平方。

从表8-4可以看出，亏损组的账面价值定价系数 α_2 的均值和中位数分别为 -0.59、-0.49，均小于0；而盈利组的账面价值定价系数 α_2 的均值和中位数则分别为0.06、0.19，均大于0。说明整体上市场对亏损公司会计稳健性的定价为负，而对盈利组公司的会计稳健性定价为正。同时我们发现，亏损组的均值 -0.59 在10%的显著性水平上显著，而盈利组 α_2 的均值虽然为正，但是没有通过显著性检验。这与信息不对称的情况下，市场的"柠檬效应"相关，即市场在不完美的情况下，不能精确的区分"好消息"公司和"坏消息"公司，出于风险权衡的观念，市场参与者相应降低了"好消息"公司会计稳健性的市场定价。

四、研究结论

本章通过使用2001~2009年上市公司的面板数据，对沪深上市公司会计稳健性定价系数进行测定，发现与美国资本市场一样，会计稳健性定价系数的均值小于0（为 -0.56），与 Feltham-Ohlson 模型预测的结果不一致。艾哈迈德、莫顿和沙佛（2000）认为美国资本市场会计稳健性定价系数符号与公司规模、利润率、成长性等相关。进一步研究发现，针对中国特殊的制度背景，资本市场盈余管理也是影响会计稳健性定价系数的主要因素。我们发现，亏损样本公司组的会计稳健性定价系数的均值显著小于0（为 -0.59），而盈利样本公司组的该系数则为0.06，说明市场在一定程度上能对"好消息"公司和"坏消息"公司进行区分和差别定价。同时，在中国弱有效的资本市场上，"柠檬效应"导致盈利公司会计稳健性系数的定价过低。

本章研究的政策含义包括两个方面。一是会计稳健性影响权益定价。证券分析师、投资者以及其他财务报告需求方，在分析财务报告时要充分考虑稳健性的影响。二是市场对会计稳健性的反映存在"功能锁定"，即没有精确的区分"好消息"公司和"坏消息"公司会计稳健性的差异。政策制定机构要增强市场信息的透明度，遏制亏损公司利用会计稳健性进行盈余管理，提高稳健性的客观性，充分发挥稳健性在投资者保护方面的治理作用。

第九章

结论与展望

一、结论与启示

（一）结 论

会计稳健性的研究离不开具体的环境，本书针对中国具体的制度环境，对会计稳健性经济后果进行了系统研究，得出以下主要结论。

第一，论证了新会计准则下中国上市公司会计信息整体上存在稳健性，同时，会计稳健性在不同的契约之间也存在差异。具体说来，随着银行改革的深入，银行成为中国会计稳健性信息需求的主体，而与西方国家不同，公开债契约并没有表现出对会计稳健的强大需求。当前，中国资本市场上对会计稳健性需求的强度或依赖性依次为：银行债务契约、股权融资契约、公开债务契约。

第二，研究发现，会计稳健性对企业投资效率表现出"非对称"的经济后果。一方面，在企业投资过度时更稳健的会计信息能更及时遏制企业投资规模，改善投资效率；另一方面，会计稳健性会加剧企业投资不足，恶化投资效率。进一步研究发现，非国有企业对会计稳健性与投资效率这种"非对称"的作用表现得更敏感。研究表明，会计稳健性对企业投资效率"非对称"的影响能够被资本市场捕捉，当企业处于过度投资状态时，稳健性的会计信息可以遏制这种投资过度的非效率行为，从而提高了企业价值；当企业处于投资不足状态时，稳健性的会计信息会起到推波助澜的负面作用，加剧企业投资不足的行为，降低企业价值。

第三，经验研究表明，稳健性的会计信息可以提高营运资本管理绩效。影响企业营运资本管理绩效的因素除了产品、销售、竞争地位、行业因素外，会计信息也是主要因素之一。稳健性会计信息对营运资本的风险和收益起着重要作用，营运资本是企业交易最频繁、流动性最强的资本，同时，由于企业业务的复杂性、差异性也使得对该环节的监管比较薄弱，代理人也往往利用营运资本来实现和隐藏利益侵害行为（如通过应收账款虚构交易、利用存货减值准备调节利润等）。稳健的会计通过对交易非对称的确认和计量方式，强化了对营运资本的监管，提高了营运资本管理的绩效。

第四，稳健性的会计信息提高了股利发放的可能性，但会计稳健性与股利发放水平（股利发放比率）之间呈现出倒"U"型关系。说明在一定程度上中国资本市场环境下会计稳健性能够遏制上市公司"恶意股利"的发放，将资源尽量留在企业。同时，由于中小股东的需要以及监管的制度因素，使得在一定范围内，稳健性会计会适当提高股利的发放水平，防止大股东的机会主义行为。综合来看，会计稳健性对股利政策的作用表现为明显的"相机治理"机制。

第五，稳健的会计信息具有市场反应，但总体来说在中国资本市场环境下，会计稳健性的定价机制并未被市场完全识别。研究表明，中国资本市场在一定程度上能对"好消息"公司和"坏消息"公司进行区分和差别定价，但中国弱有效的资本市场上"柠檬效应"导致盈利公司会计稳健性系数的定价过低。

（二）启示

对会计稳健性"存废之争""强弱之争""监管之争"，似乎一直以来都是会计理论界和实务界争论的焦点问题。通过本书的研究，我们得出以下几点启示。

第一，对会计稳健性的运用和评价离不开具体的制度环境。由于中国政府干预、银行预算软约束、国有股东缺位等特殊的制度因素，造成中国资本市场上对会计稳健性的内生需求不强，同时诉讼环境以及公司治理的薄弱致使稳健性的功能受到限制。纵观中国会计稳健性的发展过程，会计稳健性是国内会计准则与国际会计准则趋同的结果，很大程度上是"输入性"的。会计稳健性与环境息息相关，会计稳健性的程度与国家的法律、经济和政治等制度环境有关。从当前中国的实际情况来看，采用稳健的会计原则是符合现阶段经济发展特点的，也是十分必要的。因此，我们要不断完善稳健性会计信息的供给和需求机制。在供求方面，一是要营造良好的外部治理环境，加强投资者保护的法制建设，提高司法效率，完善注册会计师审计制度，强化注册会计师审计的独立性和审计质量；二是要完善公司内部治理结构，建立企业内部有效的制衡和约束机制。改进和完善国有股权的治理机制，强化董事会功能，建设互补性董事会①，提高董事会的决策效率。完善监事会制度，强化监事会的制衡功能。从需求方面来说，一是要加强对上市公司信息披露的监管，提高会计信息的透明度，加强对投资者的宣传教育；二是鼓励和发展机构投资者，提高股东对会计信息的甄别和治理能力。切实推进和完善国有商业银行的市场化改革，提高银行信贷资金的配置效率。

第二，会计稳健性是把"双刃剑"，要客观的看待会计稳健性的经济后果，把握稳健性运用的"度"。在完美的资本市场中，稳健的会计信息是不适用的，任何对会计信息的扭曲都会影响市场资源配置的效率，也即市场越有效，稳健性的负面作用越大，这也是美国等西方国家对稳健性提出尖锐批评的原因。在完美的市场中，稳健性这种矫枉过正的倾向往往导致会计信息既不相关也不可靠，而在代理成本、机会主义严重的资本市场中，稳健性则被认为是一种成本低廉而又运行有效的治理机制。因此，我们在运用会计稳健性时，一定要把握一个合适的"度"，不能一味地强调稳健性，夸大其治理功效，也不能无谓责难会计稳健性，要分析利弊合理利用。

二、可能的贡献

会计稳健性经济后果方面的研究对于会计准则制定和投资者利益保护都具有极为重要的意义。本书最主要的贡献在于首次结合中国的制度背景，使用经验研究的范式对会计稳健的经济后果进行了全面、系统的研究，该研究对我们深入认识会计稳健运行机制具有重要的理论和实际

---

① 谢志华等（2011）认为，互补型董事会能够提高决策效率，他们指出互补型董事会有以下几种分类方式：按董事的内外部性分类，分为外部董事和内部董事；按董事与企业利益的相关性分为独立董事和关联董事；按董事的专业背景进行分类，形成了各种专业类别的董事；按照董事的风险偏好分为风险偏好型、风险中和型、风险厌恶型；按董事的性别不同分为男性董事和女性董事；按董事的性格特征分类，可以分为领导型与参与型、独立型与合作型、主导型与妥协型、激进型与沉稳型等；按董事的年龄大小（或工作时间长短）进行分类，形成董事会年龄结构（或工作时间结构）。

意义。

　　目前，国内外对会计稳健性的研究主要集中在对稳健性需求的契约解释上，国外对会计稳健性经济后果的研究也就是最近几年的事情，研究成果也不多，这方面的研究还处于初期。如艾哈迈德等（2003）研究发现，会计稳健性与企业债务成本之间的关系，而拉腊、奥斯马和佩纳尔瓦（2007）研究了会计稳健性与权益资本成本之间的关系，布什曼、史密斯和皮奥特洛斯基（2005）则研究了会计稳健性对企业投资效率的影响。本书则在上述文献的基础上，深入地研究了会计稳健性经济后果的作用机制，将会计稳健性稳健的经济后果按照企业资金的活动形式分成企业筹资、投资、营运资本管理和股利分配四个方面，以及企业价值整体层面"4＋1"的研究框架，并分别通过多种会计稳健性的计量方式，利用中国上市公司新会计准则实施后的样本数据，实证检验了会计稳健性上述五个方面的"经济后果"。

　　本书数据可靠，论证和计算严谨，结论客观，对会计稳健性经济后果的研究有创造性的贡献，丰富和完善了会计稳健性经济后果理论和经验方面的研究，具有较强的理论意义和实践价值。

三、研究不足与展望

（一）研究不足

　　本书首次对会计稳健性的经济后果进行了系统、全面的研究，具有创新性，当然也存在一些不足。

　　第一，研究范围的局限性。会计稳健性经济后果的范围很广，广义的定义可以理解为稳健性会计信息对企业、政府和债权人等利益相关者决策制定行为的影响，显然，各种影响决策行为的因素在本书中不可能一一界定与研究。因此，本书将研究范围界定为企业的财务行为和资本市场上投资者的投资行为。企业的财务行为包括筹资、投资、营运资本管理和股利分配，资本市场上投资者的决策行为则体现在资本市场企业价值上。

　　第二，研究内容的局限性。虽然本书将研究范围界定在企业财务行为和投资者决策行为上，但是即使是这样，本书也无法针对企业财务行为和投资者决策行为的每一个细节作深入的研究。因此，本书分别选择企业筹资、投资、营运资本管理和股利分配以及企业价值各方面主要的决策行为进行研究，例如，在筹资行为中，只研究了会计稳健性对筹资形式和规模的影响；投资行为中，只研究了会计稳健性对投资过度和投资不足的影响；在营运资本管理行为中，主要就会计稳健性对营运管理绩效的影响进行研究；等等。各方面都有很多值得深入、细致研究的地方。

第三，研究方法的局限性。会计稳健性的度量是一个世界难题，虽然本书使用了多种会计稳健性计量方法来测度稳健性程度。但是，由于中国资本市场效率较低，以及盈余管理等动机的存在，使得会计稳健性的度量有可能产生系统性的偏差。

（二）研究展望

可以预见，不管是学术界还是实务界，对会计稳健性的争论都会成为一种常态，理解和研究会计稳健性也要与时俱进。今后，结合中国实际情况对会计稳健性经济后果的研究可以从以下两个方面入手。

一是会计稳健性的测度模型。现行的会计稳健性度量模型都是西方学者根据其特定的资本市场环境设计的，这些模型主要是基于资本市场对企业交易事项的反映来测度稳健程度。如何结合中国资本市场的实际情况，"量身定做"会计稳健性计量模型是摆在中国学者面前的一项重要而迫切的任务。

二是可能的选题。研究会计稳健性离不开具体的环境，"转型 + 新兴"的制度环境为一些类似实验研究的方法和情景研究提供了良好的素材，加之长期以来中国各地区发展不均衡，各地区市场化环境差别比较大，为一些制度环境方面的研究提供了难得的"跨域数据"。因此，针对会计稳健性经济后果方面的研究，除了在研究范围和研究内容上进行拓展外，还可以进行一些交叉研究，形成制度环境、公司治理、企业特质、企业价值与会计稳健性方面的一体化研究。

参 考 文 献

［1］ Ahmed, A. , B. Billings, R. Morton, and M. Harris, 2002, "The Role of Accounting Conservatism in Mitigating Bondholder-shareholder Conflict over Dividend Policy and in Reducing Debt Cost", *The Accounting Review*, 77, 867 – 890.

［2］ Ahmed, A. , and S. Duellman, 2007, "Accounting Conservatism and Board of Director Characteristics: An empirical analysis", *Journal of Accounting and Economics*, 43, 411 – 437.

［3］ Ahmed, A. S. , Morton, R. M. and T. F. Schaefer, 2000, "Accounting Conservatism and the Valuation of Accounting Numbers: Evidence on the Feltham-Ohlson (1996) Model", *Journal of Accounting, Auditing & Financel*, 5 (3): 271 – 292.

［4］ Almeida, H. , and D. Wolfenzon, 2006, "A Theory of Pyramidal Ownership and Family Business Groups", *Journal of Finance*, 61, 2637 – 2680.

［5］ Ball R, Kothari S P, Robin A. , "The effect of international institutional factors on properties of accounting earnings", *Journal of Accounting & Economics*, 2000, 29 (1): 1 – 51.

［6］ Ball, R. and L. Shivakumar, 2005, "Earnings quality in UK private firms: comparative loss recognition timeliness", *Journal of Accounting and Economics*, 39: 83 – 128.

［7］ Ball, R. , A. Robin and J. Wu, 2003, "Incentives versus standards: properties of accounting income in four East Asian countries", *Journal of Accounting & Economics*, 36, 235 – 270.

［8］ Ball, R. , S. P. Kothari, and A. Robin, 2000, "The effect of international institutional factors on properties of accounting earnings", *Journal of Accounfing & Economics*, 29 (February): 1 – 51.

［9］ Basu, S, 1997, "The conservatism principle and the asymmetric timeliness of earnings", *Journal of Accounting and Economics*, 24: 3 – 37.

[10] Beatty, A., Weber, J., Yu, J. J., 2008, "Conservatism and Debt", *Journal of Accounting and Economics*, 45: 154 – 174.

[11] Beaver, H., and G.. Ryan, 2000, "Biases and lags in book value and their effects on the ability of the book-to-market ratio to predict book return on equity", *Journal of Accounting Research*, 38 (1), 127 –148.

[12] Beaver, W. H. and S. G. Ryan, 2005, "Conditional and unconditional conservatism: Concepts and modeling", *Review of Accounting Studies*, 10: 269 –309.

[13] Beekes, W., P. F. Pope, and S. Young, 2004, "The link between earnings timeliness, earnings conservatism and board composition: evidence from the UK", *Corporate Governance*, 12 (1): 47 –51.

[14] Biddle, G. C., G. Hilary and R. S. Verdi, 2009, "How does financial reporting quality improve investment efficiency?" *Journal of Accounting and Economics*, forthcoming.

[15] Biddle, G. C., and G. Hilary, 2006, "Accounting quality and firm-level capital investment", *The Accounting Review*, 81 (5): 963 –982.

[16] Bizjak, J. M., J. A. Brickley and J. L. Coles, 1993, "Stock-based incentive compensation and investment behavior", *Journal of Accounting and Economics*, 16: 349 –372.

[17] Bushman, R., Piotroski, J., 2006, "Financial reporting incentives for conservative accounting: the influence of legal and political institutions", *Journal of Accounting and Economics*, 42, 107 –148.

[18] Bushman, R. M. and A. J. Smith, 2001, "Financial accounting information and corporate governance", *Journal of Accounting and Economics*, 32: 237 –333.

[19] Bushman, R. M., J. D. Piotroski and A. J. Smith, 2007, "Capital allocation and timely accounting recognition of economic losses", Working paper, University of Chicago.

[20] Chen, Q., T. Hemmer and Y. Zhang, 2007, "On the relation between conservatism in accounting standards and incentives for earnings management", *Journal of Accounting Research*, 45 (3): 541 –565.

[21] Chi, W., Liu, C., Wang, T., 2009, "What affects ac-

counting conservatism: A corporate governance perspective", *Journal of Contemporary Accounting &Economics*, 5, 47 – 59.

[22] Childs, P. D., D. C. Mauer and S. H. Ott, 2005, "Interactions of corporate financing and investment decisions: The effects of agency conflicts", *Journal of Financial Economics*, 76: 667 – 690.

[23] Claessens, S., S. Djankov, and L. Lang, 2000, "The separation of ownership and control in East Asia corporations", *Journal of Financial Economics*, 58, 81 – 112.

[24] Core, J., W. Guay and R. Verdi, 2008, "Is accruals quality a priced risk factor? " *Journal of Accounting and Economics*, 46: 2 – 22.

[25] Dechow, P., and I. Dichev, 2002, "The quality of accruals and earnings: The role of accrual estimation errors", *The Accounting Review*, 77, 35 – 59.

[26] Dechow, P. M., Hutton, A. P. & Sloan, R. G., 1999, "An empirical assessment of the residual income valuation model", *Journal of Accounting and Economics*, 26, 1 – 34.

[27] Denis, K., and J. McConnell, 2003, "International corporate governance", *Journal of Financial and Quantitative Analysis*, 38, 1 – 36.

[28] Dietrich, J. R., K. A. Muller and E. J. Riedl, 2007, "Asymmetric timeliness tests of accounting conservatism", *Review of Accounting Studies*, 12: 95 – 124.

[29] Easley, D. and M. O'Hara, 2004, "Information and the cost of capital", *Journal of Finance*, 59 (4): 1553 – 1583.

[30] Easley, D., S. Hvidkjaer and M. O'Hara, 2002, "Is information risk a determinant of asset returns?" *The Journal of Finance*, 57 (5): 2185 – 2221.

[31] Easton, P. and J. Pae, 2004, "Accounting Conservatism and the Relation Between Returns and Accounting Data", *Review of Accounting Studies*, 9: 495 – 521.

[32] Fama, E., and K. French, 1997, "Industry costs of equity", *Journal of Financial Economics*, 43: 153 – 193.

[33] Feltham, Gerald A., and Ohlson, James A., 1995, "Valuation and Clean Surplus Accounting for Operating and Financial Activities",

Contemporary Accounting Research, Vol. 11 (No. 2): 689 – 731.

[34] Feltham, G. A., and J. A. Ohlson, 1996, "Uncertainty resolution and the theory of depreciation measurement", *Journal of Accounting Research*, 34: 209 – 234.

[35] Field, L., Lowry, M., Shu, S., 2005, "Does disclosure trigger litigation?" *Journal of Accounting and Economics*, 39, 487 – 507.

[36] Financial Accounting Standards Board, 1980, Statement of Financial Accounting Concepts No. 2, Qualitative Characteristics of Accounting Information. Stamford, CT: Financial Accounting Standards Board.

[37] Financial Accounting Standards Board, 2008, Conceptual framework for financial reporting: The objective of financial reporting and qualitative characteristics and constraints of decision-useful financial reporting information, FASB, Norwalk.

[38] Francis, J., R. LaFond, P. Olsson, and K. Schipper, 2005, "The market pricing of earnings quality", *Journal of Accounting and Economics*, 39: 295 – 327.

[39] Friedman, E., S. Johnson, and T. Mitton, 2003, "Propping and tunneling", *Journal of Comparative Economics*, 31 (4), 732 – 750.

[40] García Lara, J. M., B. García Osma and F. Penalva, 2010, "Conditional Conservatism and Cost of Capital", Working paper, Universidad Carlos Ⅲ de Madrid.

[41] Gigler, F., Kanodia, C., Sapra., Venugopalan, R., 2009, "Accounting Conservatism and the Effciency of Debt Contracts", *Journal of Accounting Research*, 6: 767 – 797.

[42] Givoly, D, and C. Hayn, 2000, "The changing time-series properties of earnings, cash flows and accruals: Has financial accounting become more conservative?" *Journal of Accounting & Economics*, 29 (3), 287 – 320.

[43] Givoly, D., C. Hayn, and A. Natarajan, 2007, "Measuring reporting conservatism", *The Accounting Review*, 82 (1): 65 – 106.

[44] Gompers, P., J. Ishii, and A Metrick, 2003, "Corporate governance and equity prices", *Quarterly Journal of Economics*, 118 (1), 107 – 155.

[45] Guay, W. and R. Verrecchia, 2006, "Discussion of an eco-

nomic framework for conservative accounting and Bushman and Piotroski", *Journal of Accounting and Economics*, 42: 149 – 165.

[46] Guay, W. and R. Verrecchia, 2007, "Conservative disclosure", Working paper, University of Pennsylvania.

[47] Heltzer, W. , 2010, "The impact of SFAS No. 123 (R) on financial statement conservatism", *Advances in Accounting*, Volume 26, Issue 2, Pages 227 – 235.

[48] Hermalin, B. E. , and M. S. Weisbach, 2008, "Information disclosure and corporate governance", Working paper, University of California.

[49] Holthausen, R. W. , and R. L. Watts, 2001, "The relevance of value-relevance literature for financial accounting standardsetting", *Journal of Accounting & Economics*, 31 (September): 3 – 75.

[50] Hope, K. O. , and W. B. Thomas, 2008, "Managerial empire building and firm disclosure", *Journal of Accounting Research*, 46 (3): 591 – 626.

[51] Hugon, A. Muslu, V. , 2010, "Market demand for conservative analysts", *Journal of Accounting and Economics*, Volume 50, Issue 1, Pages 42 – 57.

[52] Jackson, S. B. , 2008, "The effect of firms' depreciation method choice on managers' capital investment decisions", *The Accounting Review*, 83 (2): 351 – 376.

[53] Jensen, M. J. , 1986, "Agency costs of free cash flow, corporate finance and takeovers", *American Economic Review*, 76 (2): 323 – 329.

[54] Jensen, M. J. and W. Meckling, 1976, "Theory of the firm: Managerial behaviour, agency costs and ownership structure", *Journal of Financial Economics*, 28: 51 – 82.

[55] Joseph, P. H. , T. Fan, J. Wong, and Tianyu Zhang, 2005, "The Emergence of Corporate Pyramids in China", CIG Working Paper Series.

[56] Julio, B. , 2007, "Overcoming overhang: agency costs, investment and the option to repurchase debt", Working paper, London Business

School.

[57] Khan, M. , Watts, R. L. , 2009, "Estimation and Validation of a Firm-Year Measure of Conservatism", *Journal of Accounting and Economics*, 48: 132 – 150.

[58] LaFond, R. and R. L. Watts, 2008, "The information role of conservatism", *The Accounting Review*, 83 (2): 447 – 478.

[59] LaFond, R. , Roychowdhury, S. , 2008, "Managerial ownership and accounting conservatism", *Journal of Accounting Research*, 46: 101 – 135.

[60] Lambert, R. A. , C. Leuz and R. E. Verrecchia, 2007, "Accounting information, disclosure and the cost of apital", *Journal of Accounting Research*, 45 (2): 385 – 420.

[61] Lambert, R. A. , C. Leuz and R. E. Verrecchia, 2008, "Information asymmetry, information precision, and the cost of capital", Working paper, University of Pennsylvania.

[62] Lev, B. , 1989, "On the Usefulness of Earnings and Earnings Research: Lessons and Directions from Two Decades of Empirical Research", *Journal of Accounting Research: Supplement*, 153 – 192.

[63] Lobo, G. . L. , Zhou, J. , 2006, "Did conservatism in financial reporting in crease after the Sarbanes-Oxley Act", *The Accounting Review*, 20 (1): 57 – 73.

[64] McInnis, J. M. , 2008, "Are smoother earnings associated with a lower cost of equity capital?" Working paper niversity of Texas at Austin.

[65] McNichols, M. F. , and S. R. Stubben, 2008, "Does earnings management affect firms' investment decisions?" *The Accounting Review*, 83 (6): 1571 – 1603.

[66] Modigliani, F. , and M. H. Miller, 1958, "The cost of capital, corporation finance and the theory of investment", *American Economic Review*, 48 (3): 261 – 297.

[67] Myers, J. , 1999, "Implementing Residual Income Valuation with Linear Information Dynamics", *Accounting Review*, 74 (January): 1 – 28.

[68] Myers, S. C. , 1977, "Determinants of corporate borrowing",

Journal of Financial Economics, 5: 147 – 176.

［69］Myers, S. C. , 1984, "The capital structure puzzle", *Journal of Finance*, 39 (3): 575 – 592.

［70］Ohlson, J. , 1995, "Earnings, Book Values, and Dividends in Security Valuation", *Contemporary Accounting Research* (spring), pp. 661 – 687.

［71］Paek W. D. , Chen L. H. , Sami, Heibatollah, "Accounting conservatism, earnings persistence and pricing multiples on earnings", Working Paper (February 20). Available at SSRN: http: //ssrn. com/abstract = 964250, 2007.

［72］Penman, S. , and X. Zhang, 2002, "Accounting conservatism, the quality of earnings, and stock returns", *The Accounting Review*, 77 (2), 237 – 264.

［73］Penman, Sougiannis, 1998, "A comparison of Dividend, Cash Flow and Earning Approaches to Equity Valuation", *Contemporary Accounting Research*, 13: 305 – 340.

［74］Qiang Xinrong, 2007, "The effects of contracting, litigation, regulation, and tax costs on conditional and unconditional conservatism: cross-sectional evidence at the firm level", *The Accounting Review*, (3): 759 – 796.

［75］Raonic, I. , S. I. McLeay and I. Asimakopoulos, 2004, "The timeliness of income recognition by European companies: An analysis of institutional and market complexity", *Journal of Business Finance & Accounting*, 31 (1 – 2): 115 – 148.

［76］Richardson, S. A. , 2006, "Over-investment of free cash flows", *Review of Accounting Studies*, 11: 159 – 189.

［77］Schleicher, T. , A. Tahoun and M. Walker, 2008, "IFRS adoption in Europe and Investment-Cash Flow Sensitivity: Outsider versus Insider Economies", Working paper, Manchester Business School.

［78］Shleifer, A. , and R. W. Vishny, 1997, "A Survey of Corporate Governance", *Journal of Finance*, 52, 737 – 783.

［79］Smith, M. J. , 2007, "Accounting conservatism and real options", *Journal of Accounting Auditing and Finance*, 22 (3): 449 – 467.

［80］Stein, J. C. , 1989, "Efficient capital markets, inefficient firms: A model of myopic corporate behavior", *Quarterly Journal of Economics*, 104 (4): 655 – 669.

［81］Stober, T. , 1996, "Do prices behave as if accounting book values are conservative? Cross-sectional tests of the Feltham-Ohlson (1995) valuation model", Working paper, University of Notre Dame.

［82］Suijs, J. , 2008, "On the value relevance of asymmetric financial reporting policies", *Journal of Accounting Research*, 46 (5): 1297 – 1321.

［83］Tao Ma, 2010, "Accounting Conservatism and Corporate Investment", Working Paper, Available at: http: //www. olin. wustl. edu/docs/ CRES/Ma. pdf.

［84］Verdi, R. S. , 2006, "Financial reporting quality and investment efficiency", Working paper, MIT.

［85］Watts, R. , and J. Zimmerman, Positive accounting theory, Prentice Hall Inc, 1986.

［86］Watts, R. L. , 1993, "A proposal for research on conservatism", Working paper, University of Rochester.

［87］Watts, R. . L. , 2003, "Conservatism in accounting Part I: Explanations and implications", *Accounting Horizons*, 17 (3): 207 – 221.

［88］Watts, R. L. , 2003, "Conservatism in Accounting Part II: Evidence and Research Opportunities", *Accounting Horizons*, 17 (4): 287 – 301.

［89］Wayne R. Guay, 2008, "Conservative financial reporting, debt covenants, and the agency costs of debt", *Journal of Accounting and Economics*, Volume 45, Issues 2 – 3, Augus Pages 175 – 180.

［90］Wysocki, P. , 2008, "Assessing earnings and accruals quality: U. S. and international evidence", Working paper, MIT.

［91］Zhang, J. , 2008, "The contracting benefits of accounting conservatism to lenders and borrowers", *Journal of Accounting and Economics*, 45: 27 – 54.

［92］蔡祥、李志文、张为国:《中国实证会计研究综述》，载于《中国会计与财务研究》2003 年第 5 期。

[93] 曹宇、李琳、孙铮:《公司控制权对会计盈余稳健性影响的实证研究》,载于《经济管理》2005 年第 14 期。

[94] 陈国辉、汪要文:《理解会计稳健性》,载于《会计之友》2008 年第 7 期。

[95] 陈国辉、温章林:《会计信息稳健性博弈分析》,载于《生产力研究》2010 年第 2 期。

[96] 陈小悦、陈晓、顾斌:《中国股市弱型效率的实证研究》,载于《会计研究》1997 年第 9 期。

[97] 陈小悦、肖星、过晓艳:《配股权与上市公司利润操纵》,载于《经济研究》2001 年第 11 期。

[98] 陈信元、朱红军、何贤杰:《银行改革、债务契约与会计稳健性》,上海财经大学工作论文,2007 年。

[99] 陈旭东、黄登仕:《企业生命周期、应计特征与会计稳健性》,载于《中国会计与财务研究》2008 年第 10 期。

[100] 陈旭东、黄登仕:《上市公司会计稳健性的时序演进与行业特征研究》,载于《证券市场导报》2006 年第 4 期。

[101] 迟旭升、洪庆彬:《新会计准则下会计盈余稳健性研究——来自深市 A 股上市公司的经验数据》,载于《东北财经大学学报》2009 年第 2 期。

[102] 崔学刚:《公司治理机制对公司透明度的影响》,载于《会计研究》2004 年第 8 期。

[103] 代冰彬、陆正飞、张然:《资产减值稳健性还是盈余管理》,载于《会计研究》2007 年第 12 期。

[104] 邓建平、曾勇:《上市公司家族控制与股利决策研究》,载于《管理世界》2005 年第 7 期。

[105] 杜兴强、雷宇、郭剑花:《政治联系、政治联系方式与民营上市公司的会计稳健性》,载于《中国工业经济》2009 年第 7 期。

[106] 冯文滔、陈良华:《会计稳健主义过时了吗——美国 1926 年—2007 年的经验证据》,载于《审计与经济研究》2009 年第 1 期。

[107] 贺建刚、刘峰:《大股东控制、利益输送与投资者保护——基于上市公司资产收购关联交易的实证研究》,载于《中国会计与财务研究》2005 年第 7 期。

[108] 洪金明、徐玉德:《上市公司第二大股东治理效应的经验证

据——基于会计稳健性视角》，载于《财政研究》2009 年第 8 期。

[109] 黄凯红：《稳健原则在中国的适用性及实际应用》，载于《会计研究》1999 年第 7 期。

[110] 黄梅：《会计谨慎性原则的起源与经济影响》，载于《中南财经政法大学学报》2005 年第 2 期。

[111] 姜国华、李远鹏、牛建军：《我国会计准则和国际会计准则盈余报告差异及经济后果研究》，载于《会计研究》2006 年第 9 期。

[112] 李维安、姜涛：《公司治理与企业过度投资行为研究——自中国上市公司的证据》，载于《财贸经济》2007 年第 12 期。

[113] 李远鹏、李若山：《是会计盈余稳健性，还是利润操纵？——来自中国上市公司的经验证据》，载于《中国会计与财务研究》2005 年第 3 期。

[114] 李增泉、卢文彬：《会计盈余的稳健性：发现与启示》，载于《会计研究》2003 年第 2 期。

[115] 李增泉、孙铮、王志伟：《"掏空"与所有权安排——来自我国上市公司大股东资金占用的经验证据》，载于《会计研究》2004 年第 12 期。

[116] 李增泉：《我国上市公司资产减值政策的实证研究》，载于《中国会计与财务研究》2001 年第 3 期。

[117] 李增泉、余谦、王晓坤：《掏空，支持与并购重组——来自我国上市公司的经验证据》，载于《经济研究》2005 年第 1 期。

[118] 刘峰：《制度安排与会计信息质量》，载于《会计研究》2001 年第 7 期。

[119] 刘珊珊：《会计稳健性的制度属性及其运行机制研究——基于制度演化观的解释》，载于《财会通讯》2010 年第 27 期。

[120] 刘舒文、陈收、徐颖文：《上市公司盈余反应不对称与会计稳健度》，载于《管理评论》2006 年第 7 期。

[121] 刘运国、吴小蒙、蒋涛：《产权性质、债务融资与会计稳健性——来自中国上市公司的经验证据》，载于《会计研究》2010 年第 1 期。

[122] 毛新述、戴德明：《会计制度改革、盈余稳健性与盈余管理》，载于《会计研究》2009 年第 12 期。

[123] 毛新述、戴德明：《会计制度变迁与盈余稳健性：一项理论

分析》，载于《会计研究》2008 年第 9 期。

[124] 孟焰、袁淳：《亏损上市公司会计盈余价值相关性实证研究》，载于《会计研究》2004 年第 5 期。

[125] 平新乔、李自然：《上市公司再融资资格的确定与虚假信息披露》，载于《经济研究》2003 年第 2 期。

[126] 钱春海：《会计改革提高我国上市公司财务报告稳健性了吗?》，载于《财贸研究》2009 年第 2 期。

[127] 邱月华、曲晓辉：《是盈余稳健性还是盈余管理? 来自中国证券市场的经验证据》，载于《中国会计评论》2009 年第 7 期。

[128] 曲晓辉、邱月华：《强制性制度变迁与盈余稳健性——来自深沪证券市场的经验证据》，载于《会计研究》2007 年第 7 期。

[129] 沈艺峰、况学文、聂亚娟：《终极控股股东超额控制与现金持有量价值的实证研究》，载于《南开管理评论》2008 年第 1 期。

[130] 孙刚：《控股权性质、会计稳健性与不对称投资效率——基于我国上市公司的再检验》，载于《山西财经大学学报》2010 年第 5 期。

[131] 孙铮、刘凤委、汪辉：《债务、公司治理与会计稳健性》，载于《中国会计与财务研究》2005 年第 6 期。

[132] 唐宗明、蒋位：《中国上市公司大股东侵害度实证研究》，载于《经济研究》2002 年第 4 期。

[133] 陶晓慧：《股东需要稳健的会计信息吗? ——基于管理层持股角度的解释》，载于《生产力研究》2009 年第 23 期。

[134] 陶晓慧、柳建华：《会计稳健性、债务期限结构与债权人保护》，载于《山西财经大学学报》2010 年第 4 期。

[135] 王亚平、吴联生、白云霞：《中国上市公司盈余管理的频率与幅度》，载于《经济研究》2005 年第 12 期。

[136] 王宇峰、苏逸妍：《会计稳健性与投资效率——来自中国证券市场的经验证据》，载于《财经理论与实践》2008 年第 9 期。

[137] 王跃堂：《会计政策选择的经济动机》，载于《会计研究》2000 年第 12 期。

[138] 魏刚：《上市公司股利分配的实证研究》，载于《经济研究》1998 年第 6 期。

[139] 吴晓晖、姜彦福：《我国资本市场新兴治理力量监管有效性

的实证研究》，载于《金融研究》2006 年第 12 期。

[140] 吴娅玲、刘斌：《国外会计稳健实证研究的最新发展与启示》，载于《管理世界》2009 年第 6 期。

[141] 谢德仁：《企业剩余索取权：分享安排与剩余计量》，上海三联书店、上海人民出版社 2001 年版。

[142] 谢志华、杨克智：《会计稳健运行机制研究》，载于《审计与经济研究》2011 年第 2 期。

[143] 修宗峰：《股权集中、股权制衡与会计稳健性》，载于《证券市场导报》2008 年第 3 期。

[144] 徐华新、孙铮：《我国股市周期与企业会计稳健性的实证研究》，载于《财经研究》2008 年第 12 期。

[145] 徐昕、沈红波：《银行贷款的监督效应与盈余稳健性——来自中国上市公司的经验证据》，载于《金融研究》2010 年第 356 期。

[146] 杨华军：《会计稳健性研究述评》，载于《会计研究》2007 年第 1 期。

[147] 杨克智、索玲玲：《会计稳健性对权益价值评估的影响——基于沪深上市公司的经验研究》，载于《证券市场导报》2011 年第 2 期。

[148] 杨瑞龙、聂辉华：《不完全契约理论：一个综述》，载于《经济研究》2006 年第 2 期。

[149] 余明桂、夏新平、潘红波：《控股股东与小股东之间的代理问题：来自中国上市公司的经验证据》，载于《管理评论》2007 年第 19 期。

[150] 翟林瑜：《信息、投资者行为与资本市场效率》，载于《经济研究》2004 年第 3 期。

[151] 张功富、宋献中：《我国上市公司投资：过度还是不足？——基于沪深工业类上市公司非效率投资的实证度量》，载于《会计研究》2009 年第 5 期。

[152] 张宏亮：《会计稳健性的形成机制及其经济后果：基于契约视角的一项理论分析》，载于《贵州大学学报（社会科学版)》2009 年第 3 期。

[153] 张俊民、董尚斌、郑丹丹：《对会计准则执行之稳健性的建议》，载于《财务与会计》2010 年第 2 期。

[154] 张荣武、伍中信：《产权保护、公允价值与会计稳健性》，载于《会计研究》2010年第1期。

[155] 赵春光：《中国会计改革与稳健性的提高》，载于《世界经济》2004年第4期。

[156] 赵德武、曾力、谭莉川：《独立董事监督力与盈余稳健性——基于中国上市公司的实证研究》，载于《会计研究》2008年第9期。

[157] 赵西卜、王军会：《基于新会计准则的上市公司会计盈余稳健性影响分析》，载于《财会通讯》2010年第3期。

[158] 周晓苏、杨忠海：《控股股东行为、特征与财务报告稳健性——中国A股市场上市公司的经验证据》，载于《审计与经济研究》2010年第25期。

[159] 朱茶芬、李志文：《国家控股对会计稳健性的影响研究》，载于《会计研究》2008年第5期。

[160] 朱凯、陈信元：《银企关系与会计信息稳健性——中国资本市场的经验证据》，载于《中大管理研究》2006年第1期。

[161] 朱凯：《银企关系与会计信息稳健性：中国资本市场的经验证据》，上海财经大学会计学院工作论文，2005年。

[162] 朱松：《会计稳健性根源探析》，载于《上海立信会计学院学报》2010年第4期。

[163] 朱松、夏冬林：《制度环境、经济发展水平与会计稳健性》，载于《审计与经济研究》2009年第24期。

[164] 朱松、夏冬林：《稳健会计政策、投资机会与企业投资效率》，载于《财经研究》2010年第6期。

[165] 朱松、夏冬林、陈长春：《审计任期与会计稳健性》，载于《审计研究》2010年第3期。

后　记

　　会计稳健性是会计确认与计量遵循的重要原则，对会计实务的影响至少已经有500年的历史，虽然会计稳健性在会计实务界影响深远，但学术界对会计稳健性的研究直到20世纪90年代才开始重视起来。同时，会计与投资者保护是近年来理论和实务界研究和探讨的热点问题。实现投资者保护应当是多层面、多角度的，包括社会制度安排、法律和现代企业制度建设等，实践证明，会计稳健性也是投资者保护的重要机制。能否把两者结合起来进行研究，是本书最早的思考出发点，也是我很感兴趣的话题。

　　本书是在我的北京大学光华管理学院博士后导师的亲切关怀和悉心指导下完成的。他们严谨的治学精神，精益求精的工作作风，广博的学识，深深地感染和激励着我。从课题的选择到项目的最终完成，陆老师及陈总都始终给予我细心的指导和不懈的支持。两年来，陆老师及陈总不仅在学业上给我以精心指导，同时还在思想、生活上给我以无微不至的关怀，在此谨向陆老师及陈总致以诚挚的谢意和崇高的敬意。

　　进入北京大学学习一直是我的一个梦想，北大博大精深、包容并蓄的学术氛围熏陶、教育和启发了我。在此，我要深深感谢陆正飞教授、陈金成董事长帮我达成了这个梦想。陈总是新疆奇康哈博维药股份有限公司的董事长、总经理，他也是我的博士后导师，陈总身上具有企业家的精神和气质，思维敏锐，对实践问题很有洞察力，使我对企业实践问题有了更深入的学习和理解，他对我的各方面都有影响，是我真诚、衷心感谢的博后导。我还要感谢在一起愉快地度过博士后生活的北大博士后同学们，正是由于你们的帮助和支持，我才能克服一个一个的困难和疑惑，直至本书的顺利完成。特别感谢我的师弟李江涛博士后、杨克智博士、李睿博士，还有博士同学刘星博士，《财会学习》主编白庆辉博士，同事孙杰博士，他们为本书做了不少工作，给予我很多指导、启发和帮助。

后　记

同时，感谢新疆财经大学会计学院、乌鲁木齐市国家高新区、北京工商大学商学院领导及老师们的关心、指导和帮助，感谢中央财经大学会计学院老师和新疆奇康哈博维药股份有限公司朋友们的热心帮助，感谢这些给我帮助的领导、同学、同事和朋友们！

此外，特别感谢我的家人，感谢我年事已高而还在为我不断付出的父母，感谢我的妻子刘海霞女士，还有我9岁多的儿子杜景灏同学，他们无尽的关怀成为我坚强的后盾，激励我奋发向上；是他们殷切的期望和默默的关心使我顺利完成博后研究工作。

在本书即将完成之际，我的心情一直无法平静，从开始进入课题到本书的顺利完成，有多少可敬的师长、同事、同学、朋友给了我无言的帮助，在这里请接受我诚挚的谢意！谢谢你们！

由于本人学疏才浅，书中难免存在疏忽和不足之处，还望读者批评指正！

杜　勇

2014 年 5 月于北京大学光华管理学院

图书在版编目（CIP）数据

中国上市公司会计稳健性与财务管理绩效研究/杜勇著 .
—北京：经济科学出版社，2014.8
（会计与投资者保护系列丛书）
ISBN 978 - 7 - 5141 - 4797 - 1

Ⅰ.①中⋯　Ⅱ.①杜⋯　Ⅲ.①上市公司 - 会计 - 研究 -
中国②上市公司 - 财务管理 - 研究 - 中国　Ⅳ.①F279. 246

中国版本图书馆 CIP 数据核字（2014）第 144153 号

责任编辑：赵　蕾
责任校对：靳玉环
责任印制：李　鹏

中国上市公司会计稳健性与财务管理绩效研究
杜　勇　著
经济科学出版社出版、发行　新华书店经销
社址：北京市海淀区阜成路甲 28 号　邮编：100142
总编部电话：88191217　发行部电话：88191540
网址：www. esp. com. cn
电子邮箱：esp@ esp. com. cn
天猫网店：经济科学出版社旗舰店
网址：http://jjkxcbs. tmall. com
北京季蜂印刷有限公司印装
710 × 1000　16 开　10. 25 印张　220000 字
2014 年 8 月第 1 版　2014 年 8 月第 1 次印刷
ISBN 978 - 7 - 5141 - 4797 - 1　定价：26. 00 元
（图书出现印装问题，本社负责调换。电话：88191502）
（版权所有　翻印必究）